SHARE LIFE

셰어 라이프

뉴 노멀을 살아가는 뉴 라이프 스타일

SHARE LIFE

셰어 라이프

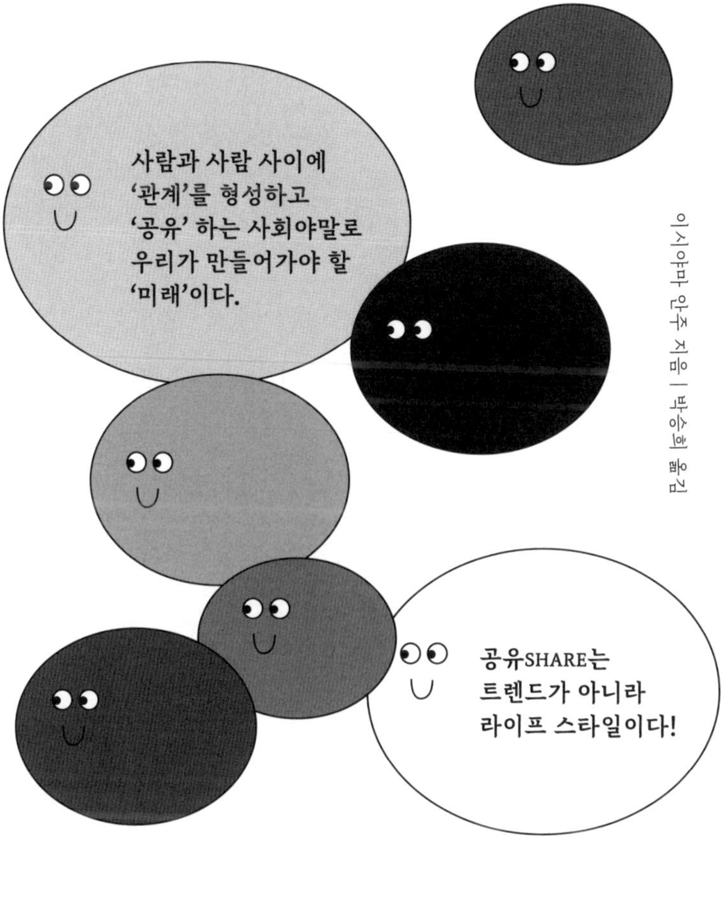

이시야마 안주 지음 | 박승희 옮김

즐거운상상

들어가며

더 나은 미래를 꿈꿀 때 꼭 필요한 키워드 '공유(SHARE)'

이제 '헤이세이' 시대가 막을 내리고 새 연호의 새로운 시대가 시작됩니다.

저는 헤이세이(일왕 아키히토 재위기에 사용된 연호 1989-2019년) 원년인 1989년에 태어나 헤이세이와 함께 살아왔습니다. 되돌아보면 그동안 여러 번의 자연 재해, 금융 위기, 테러, 경제 저성장 등 사회의 근간을 뒤흔드는 사건들이 있었습니다. 헤이세이 시대를 '잃어버린 30년'이라고 말하는 사람도 있습니다.

하지만 정말 그럴까요?

지금껏 당연하게 여겨온 사회적 전제를 잃어가는 요즘 같은 시대야말로 더욱 더 '우리에게 진정한 행복이란 무엇인가?'를 새롭게 정의해야 할 때가 아닌가 생각합니다.

그런 시대적 기로에서 최근 몇 년간 뉴스를 통해 '공유'라는 단어를 자주 보고 듣게 됩니다. 수많은 물건으로 넘쳐나는 사회와 생활 속에서 '필요한 만큼만 있으면 충분히 행복하다.'거나 '집도 일도 육아도 누군가와 공유할 수 있다.'는 가치관이 사람들에게 지지를 받게 된 것이죠.

'고독사' 등의 현상을 통해서도 알 수 있듯이 과거 우리에게 있었던 사회적 협력 관계가 이제는 점점 희박해져가고 있습니다. 반면에 이런 때일수록 공유를 통해 '관계'와 '커뮤니티'를 다시 한 번 되살려보자는 움직임도 생기고 있습니다.

이 책은 '공유(Share)'라는 개념을 통해 사회가 어떻게 변할 것인지를 살펴보고, 공유를 통해 만들어질 새로운 삶의 방식을 제안할 것입니다.

공유 경제(Sharing Economy)란 무엇인가? 지금 공유가 주목받는 이유는 무엇인가? 그 본질에 대해 알아보고, 공유라는 새로운 개념이 우리의 사회적 현안과 지금 한계 상황에 처해있는 현 사회에 어떤 변화를 가져올 것인지 구체적인 현장으로 안내합니다. 또한 공유로 인해 변하게 될 '새로운 삶의 방식'도 제안하겠습니다.

지금 이 책을 읽는 여러분이 일상생활 속에서 일과 육아, 노후 걱정 등 여러 고민을 안고 있다면 '모든 것은 공유로 해결할 수 있다'고 자신 있게 이야기할 수 있습니다. 공유를 통해 '새로운 풍요'를 얻고 더 자유롭게 즐기며 살아갈 수 있습니다.

하지만 이 책은 공유 경제를 통한 비즈니스 트렌드나

새로운 서비스만 소개하는 책은 아닙니다.

이 책을 통해 가장 전달하고 싶은 것은 '공유'라는 '사상', 그 자체입니다.

이 책의 구성은 다음과 같습니다.

프롤로그에서는 현재 저의 셰어 라이프와 공유를 실천하게 된 이유, 그로 인해 찾아온 변화에 대해 이야기하려고 합니다.

1장에서는 앞으로 맞게 될 새로운 시대가 어떤 것인지, 왜 지금 시대에 공유가 중요한지 설명하겠습니다.

2장에서는 공유를 통해 만들어질 '새로운 풍요'에 대해 살펴볼 것입니다.

3장에서는 공유를 통한 새로운 삶의 방식을 제안합니다. 집, 일, 육아, 가족, 노후, 교육까지 우리의 삶이 어떻게 변해갈 것인지 실제 사례와 함께 구체적으로 알아보겠습니다.

4장에서는 앞으로 사회가 직면하게 될 과제를 공유가 해결할 수 있는지 그 가능성에 대해 적었습니다.

5장에서는 공유에서 가장 중요한 요소인 '신뢰'에 대해 생각해보고, 셰어 라이프를 실천하기 위해 필요한 마인드에 대해 설명합니다.

에필로그에서는 공유가 확산된 이후의 '미래'에 대해 생각해보겠습니다.

'공유'는 우리에게 어떤 '미래'를 가져다줄까요? 새로운 시대의 시작을 맞는 지금, 이 책이 '새로운 풍요'를 얻기 위한 첫걸음이 되기를 기대합니다.

SHARE
L I F E

차례

들어가며

프롤로그 나의 셰어 라이프

제1장 새로운 시대가 온다

제2장 새로운 가치관 ‘공유’

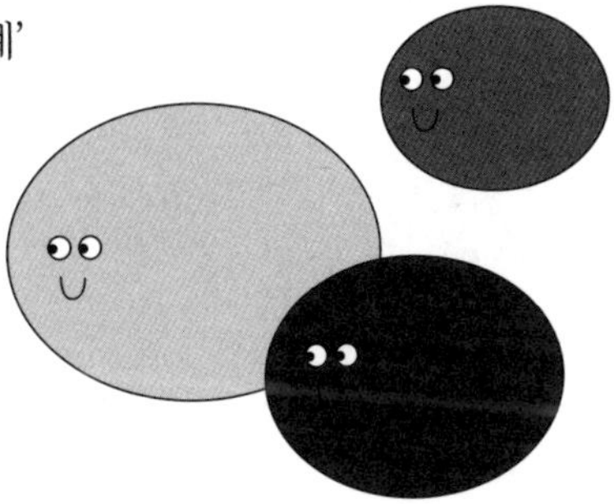

제3장 '셰어 라이프'가 만들어 낸 작은 기적들

제4장 '관계'가 사회를 바꿀 수 있을까?

제5장 더 나은 공동체를 꿈꿀 때 '공유 마인드'

에필로그 공유의 미래

나오며

Prologue

My Sharing Life

프롤로그

나의 셰어 라이프

공유의 혜택 속에 자라고 공유를 통해 인생이 풍요로워졌다고 자신하는 저의 셰어 라이프를 소개합니다. 왜 제가 '공유'야말로 미래의 행복한 삶을 위해 꼭 필요한 키워드가 될 것이라 확신하는지 알게 될 거예요. 또한 공유 경제 활동가로서 기업이나 사회와 다양한 관계를 맺으면서 느낀 가능성에 대해서도 이야기하겠습니다.

60명이 한 가족을 이루며 사는 셰어 하우스 Cift

저는 현재 시부야에서 〈Cift〉(시프트)라는 셰어 하우스에 살고 있습니다. Cift(cift.co)는 '함께 생활하고 함께 일하자'는 생각을 지닌 이들로 뭉쳐진 가족입니다.

Cift에는 0세부터 60대까지 60여 명의 다양한 사람이 '가족'을 이루며 함께 살고 있습니다. 시작할 당시 38명이었던 가족은 1년 사이에 거의 2배가 되었습니다.

뮤지션, 작가, 요리사, 스님, LGBT 활동가(레즈비언(lesbian)과 게이(gay), 양성애자(bisexual), 트랜스젠더(transgender)의 앞 글자를 딴 것으로, 성적소수자를 의미한다.), 정치인, 미용사, 화가, 벤처 캐피털리스트, 변호사,

파머 컬처 디자이너, 소셜 히피……. 모두의 직함 수를 더하면 100개가 넘습니다.

Cift는 법인조직입니다. 구성원의 기술을 공유하며 함께 일하고 커뮤니티 안에서 날마다 새로운 일을 만들기도 합니다.

Cift는 또한 협동조합이기도 합니다. 각자가 조합비를 내고 식비와 집세, 누군가가 어려움에 처했을 때 지원할 비용까지 그 사용처를 함께 의논해 결정합니다.

여러 곳에 거점을 두고 여행하면서 일하는 멤버도 많습니다. 각자가 가진 집을 더하면 그 수가 100채 이상입니다. '멤버 소유의 집이면 어디든 묵을 수 있다'는 규칙을 가진 우리는 '전국 가족 거점 맵'도 공유하고 있습니다. 전국 어디를 가도 "다녀왔습니다."라고 말할 수 있는 보금자리가 있는 거죠.

어려운 일이 생겨도 60명의 기술을 공유하면 대부분 해결됩니다. 미용사인 유타 군이 집안에서 머리를 잘라주는 경우도 있고, 몸이 좋지 않을 때는 침구사 마사키 군이 뜸을 떠 주기도 합니다. 각자 자신이 잘하는 것을 함께 나누며 생활하기 때문에 돈을 쓰지 않고도 기술적인 일을 비롯한 여러 가지 일이 커뮤니티 안에서 순환됩니다.

작년 가을 커뮤니티 안에서 새 생명이 태어났습니다.

태어나는 순간까지 가족 모두가 함께 했고, 태어난 후에는 매일 식사와 아기 돌보기까지 각자가 나름대로 할 수 있는 일을 나누고 서로 도우며 지내고 있죠. 교대로 안아 주고 목욕을 시키고 함께 밥을 먹습니다. 아기용 침대도 직접 만들었는데, 목재 페인트칠부터 전 과정을 같이 해냈습니다. Cift에는 2명의 아이가 더 있는데, 외동인 아이들이 함께 살면서 형제처럼 지내는 모습이 얼마나 사랑스러운지 모릅니다.

아이 키우는 일만이 아닙니다. 멤버의 부모님을 간병하는데 도움이 필요해지면 할 수 있는 사람이 교대로 도시락을 싸서 부모님 집까지 배달하기도 합니다.

매일 아침 식사는 만들 여건이 되는 사람이 준비합니다. 잠겨 있지 않은 방문을 벌컥 열고 “아침 식사!”라며 깨우는 게 하루 일과 중 하나죠.

0세부터 60대까지의 60명이 나이와 성별, 그 밖의 모든 벽을 허물고 살아갑니다. 스스로를 가두지 않고 열린 마음으로 인생을 나누고 유대감을 느끼죠. '무슨 일이 생겨도 걱정 없어'라는 생각에 진심으로 안심할 수 있는 소중한 곳입니다. 무엇보다 내가 울고 싶을 때, 괴로움에 빠져 헤어나지 못하고 있을 때, 자기 일처럼 울어주고 아낌없이 시간을 내어주고 손 내미는 관계가 있다는 사실에 든든함을 느낍니다.

Cift는 시부야 한복판에 있기 때문에 멤버가 아닌 사람들도 매일 드나듭니다. 아침을 먹으러 오는 사람도 있고, 저녁을 만들어주러 오는 사람도 있죠. 각지에서 채소와 쌀을 보내주기도 하는데, 한 번은 전국에서 보내온 쌀이 집에 80킬로나 쌓인 적도 있답니다.

직접 경험한 것은 아니지만, 옛날 일본에 있던 '나가야(長屋) 마을 공동체'(나가야 : 칸을 막아서 여러 가구가 살 수 있도록 길게 만든 집. 이웃집과 벽, 지붕이 연결되어 있고 우물과 화장실을 함께 사용하는 공동주택이다. 사생활이 지켜지지 않았지만 이웃이 한 가족처럼 지냈다)가 이런 느낌이 아니었을까 싶습니다.

S H A R E L I F E

‘공유’하는
사회의 등장

‘공유 경제’라는 새로운 개념이 일본에 보급되기 시작한 지 3년. 개인과 개인이 인터넷으로 연결되어 빈 방을 숙박 장소로 제공하거나, 자신의 차나 주차장을 빌려주기도 합니다. 여유 시간에 이웃의 일을 돕거나 여행지에서 현지인의 집을 찾아가 저녁 식사를 대접받기도 하죠.

누군가가 가진 물건, 장소, 시간, 경험과 지식까지 모든 것을 공유하는 사회가 당연한 세상이 되었습니다.

힘들게 일해서 번 돈으로 생활에 필요한 것들을 모두 사지 않아도 누군가와 공유하는 방식으로 소유하거나 이용할 수 있습니다. 여유 시간이나 잘하는 일, 과거에 익혔던 업무의 경험을 공유해 수입을 얻을 수 있고, 베이비시터에게 아이를 맡기지 않고 공유 서비스나 커뮤니티를 통해 만난 엄마에게 아이의 돌봄과 유치원 등·하원을 부탁할 수 있습니다.

소유한 사람은 남는 만큼 공유하고, 받는 쪽도 주는 쪽도 풍요로워지는 구조. 공유 사회가 되면서 일상적인 우리의 소비 스타일도 크게 달라지고 있습니다.

오늘날 '공유'라는 개념은 소비의 스타일뿐만 아니라 경제와 사회의 양상, 그리고 우리 삶의 방식까지 바꾸고 있습니다.

현재 저는 이러한 공유의 개념이 사회에 뿌리내릴 수 있도록 공유 경제 전문가이자 전도사로 활동하고 있습니다.

공유 경제 사업과 관련된 270개 이상의 스타트업에서부터 대기업, 지역사회에 공유를 확산시키고 있는 활동단체와 NPO, 공유 플랫폼을 통해 자신의 특기를 살려 돈을 버는 '공유 경제 노동자(share worker)'를 회원으로 하는 '사단법인 공유 경제협회'의 설립에 관련된 일을 하며, 사무국장으로서 공유 경제의 보급과 규제 완화 및 정책 추진 일을 하고 있습니다.

2017년 정부로부터 '내각관방 공유 경제 전도사'로 임명되어, 전국을 돌며 공유를 통해 지방 자치단체의 과제를 해결하는 어드바이저로 활동하고 있습니다. 후생노동성의 '공유 경제가 고용 및 노동에 미치는 영향에 관한 검토회'와 경제산업성의 '공유 경제의 경제활동 통계 조사에 의한 파악에 관한 연구회' 위원도 겸임하면서 공유 경제를 사회에 구현하기 위해 활동하고 있습니다.

세계 각국의 공유 경제를 시찰했고, 2018년에는 미국의 셰어 미디어 〈Shareable〉에서 선정한 세계의 슈퍼 셰어러 일본 대표로 뽑히기도 했습니다.

다양한 사람과의 '관계' 속에서 자라다

저는 1989년 가나가와 현 요코하마 시에서 태어나 차이나타운과 야마시타 공원 근처 동네에서 자랐습니다. 지금도 요코하마의 본가는 아버지가 셰어 하우스로 운영하고 있습니다.

돌이켜보면 저는 줄곧 '관계'의 혜택을 받으며 살아왔습니다. 외동으로 태어났지만 어릴 적 우리 집은 항상 사람들로 북적였습니다.

아침에 일어나면 집에 모르는 사람이 자고 있기도 했어요. 전 세계를 여행하던 아버지는 여행지에서 만난 친구를 집에 데려와 묵게 하거나 파티를 열기도 했습니다.

자신의 일을 너무나 사랑했던 엄마는 산후 2주 만에 업무에 복귀해 해외출장을 다녔어요. 그래서 저는 모유를 거의 못 먹고 자랐죠. 하지만 엄마가 맺어둔 이웃 엄마들의 든든한 네트워크 덕분에 이웃집 인터폰을 누르면 언제든 저녁을 얻어먹을 수 있는 환경이 조성되어 있었습니다.

저를 친딸이나 여동생처럼 귀여워해주던 이웃과 날마다 집에 드나들던 아버지의 친구 등 수많은 관계 속에서 자랐던 것입니다.

12살 때 부모님이 이혼한 후에도 그 관계는 변함이 없었습니다. 외롭지도 않았어요. 오히려 아버지와 어머니의 새 배우자가 생기면서 가족이 더 많아져 행복했죠.

반면 학교 친구들은 "부모님이 이혼했어?"라며 일반적인 가족과 다른 생활을 꺼리는 듯한 반응을 보일 때가 있어 그때마다 위화감을 느끼곤 했습니다.

혈연관계는 아니지만 동생처럼 보살펴주는 언니와 오빠, 저녁밥을 차려주는 이웃 등 많은 사람과 관계를 맺으며 살았던 저는 '혈연 가족'이라는 형태에 얽매이지 않고

도 얼마든지 주위 사람과 서로 연결되어 의지하면서 행복하고 풍요롭게 살아갈 수 있다고 생각했거든요.

S H A R E L I F E

개인보다 조직의 뜻이 우선하는 사회에 대한 거부감

학교를 졸업하고 입사한 리크루트에서는 대기업을 대상으로 인사제도와 채용 등 인재 영역에 관련된 일을 했습니다.

그런데 다양한 프로젝트를 담당하던 중 모종의 거부감을 느꼈어요. 경기 변동에 따라 그 해의 신규 졸업자 채용 인원수가 정해진다거나, 본인의 의사와 상관없이 전근이 결정되어 가족과 떨어져 생활하는 경우를 보게 된 것이죠.

개인의 의사보다 조직의 뜻이 존중되는 듯한 불균형이 마음에 걸렸습니다. 본인의 의사와 관계없이 그 사람의 인생이 결정된다는 것이 너무 불합리하다고 느꼈죠.

게다가 당시는 동일본대지진이 일어난 직후였기 때문에 그전까지 당연시되던 가치관을 근본적으로 재고해야 한다고 느끼던 참이었어요.

사람들은 기존 사회의 틀 속에서 한 기업의 일원이 되어 열심히 일하고 돈을 벌어 생활합니다. 그러다 어느 날 갑자기 인간의 힘으로는 어쩔 수 없는 외부 변화들로 인해 삶이 불안정해지는 현실을 맞게 됩니다. 성실히 일해서 저축하지만 그것으로 '안심'이나 '행복'을 살 수 없다는 것을 모두가 깨닫게 되죠.

이런 상황에서 '개인이 자신의 의사에 따라 자유롭게 일할 수 있는' 선택의 자유와 사회적 환경이 필요하다는 것을 절실히 느끼게 되었습니다.

그리고는 '크라우드웍스(CrowdWorks)'라는 벤처기업으로 이직을 했습니다. 크라우드웍스는 '개인이 인터넷상에 기술을 공유하고 개인과 기업으로부터 일거리를 얻는' 기술 공유 서비스를 제공하는 회사입니다. 그곳에서 공유 경제협회 설립에 관한 일을 맡으면서 지금에 이르게 되었어요.

어릴 적부터 공유의 혜택을 받으며 자란 저는 다양한 삶의 방식과 일의 방식을 모색하다가 공유 경제와 관련된 일을 시작하게 되었습니다. 그 과정에서 공유를 통해 인생이 변화된 사람을 많이 만났고, 오늘날 우리가 직면한 대부분의 문제는 '공유'라는 사상을 통해 해결할 수 있다는 확신을 갖게 되었습니다.

'공유=나눔'에 '희망'이 있다

공유에는 여러 가지 의미가 있지만 이 책에서는 '공유=나눔'이라고 정의하겠습니다.

사적 소유와 경제적 이익을 추구하는 사회(자본주의 사회)가 한계를 맞이하면서 돈의 가치가 불안정해지고 사회적 지위 같은 풍요의 기준이 흔들리는 시대가 되었습니다.

'공유'는 그런 시대에 개인과 개인이 공감과 신뢰를 가치의 척도로 삼아 모든 것을 공유하면서 '관계'를 전제로 살아가는 새로운 라이프 스타일입니다.

그것은 사람이, 기업이, 나라가 경계선을 긋고 사리사

욕과 독점을 향해 질주하느라 과거의 사회적 협력과 유대관계를 상실해가는 요즘 시대에 '공유를 통해 단절된 세상을 다시 잇겠다'는 새로운 사회의 희망입니다.

우리 개개인이, 기업이, 그리고 사회가 관계 속에서 누구나 함께 나누고 공유하는 당사자가 되면 오늘날 우리가 안고 있는 삶의 어려움이나 고독에서 해방되어 좀 더 자유롭게 안심하며 살아갈 수 있습니다.

공유는 앞으로의 새로운 사회와 새로운 삶의 방식을 만드는 유일한 희망이라고 확신합니다.

'공유'를 통해 향후 우리의 생활이 어떻게 변할지, 사회와 인생이 어떻게 변해갈지 질문을 나누며 여러분과 함께 생각할 수 있으면 좋겠습니다.

SHARE
LIFE

Chapter 1

The New Era

제1장

새로운 시대가 온다

지금 우리는 시대의 큰 전환점에 서 있습니다. 지금껏 당연하게 여기던 대전제가 사라지고 자본주의 사회는 피폐와 한계를 맞고 있죠. 이제 '개인'이 주역이 되는 새로운 시대가 도래하고 있습니다. '행복'과 '풍요'의 정의, 물건과 돈의 가치가 완전히 새롭게 변하고 있습니다.

'정답이 없는 시대'를 사는 우리

행복의 롤 모델이 사라졌다

우리는 지금껏 경험하지 못한 '정답이 없는 시대'를 살고 있습니다.

이전에는 개인도 사회도 목표로 하는 모델이 있었습니다. 세계대전 후의 '아무것도 없는' 시대에서 '무엇이든 다 있는' 풍요의 시대로 사회 전체가 나아갔고, 대량생산과 대량 소비를 반복하며 급속한 경제 성장을 이루었습니다.

가난하고 '아무것도 없던' 개인들은 회사에 출근하고

월급으로 집과 승용차, 그 밖의 많은 것을 소유하며 '무엇이든 다 있는' 삶을 꿈꾸게 되었습니다. 일단 회사에 입사하면 평생직장이 보장되었고, 정년퇴직을 하면 연금을 비롯한 융숭한 사회 보장을 받았으며, 많은 물건에 둘러싸여 생을 평온하게 마무리할 수 있었죠. 그런 인생 모델을 추구함으로써 개인도 사회 전체도 행복해진다고 생각해왔습니다.

하지만 지금의 일본은 이러한 '전제'를 상실했습니다. 경제 침체, 인구 감소, 저출산 고령화라는 사회 불안, 연이어 발생하는 예상치 못한 금융 위기와 테러·자연재해 등을 겪으면서 우리는 마침내 세상이 불완전하다는 것을 깨닫게 되었죠.

이제는 미래에 대한 기대가 없는 사람이 많아졌습니다. 많은 돈과 물건을 소유하는 것이 풍요라 믿고 살아왔는데 사실은 '물질적으로 아무리 풍요해져도 행복해지기는 쉽지 않다'는 것을 깨닫게 된 거죠.

연봉과 행복도를 비교한 연구 결과를 보면, 일정한 선까지는 연봉과 행복도가 비례하지만 어느 포인트를 넘어서면 연봉이 올라도 행복도가 높아지지 않는다고 합니다.

종신 고용이 무너지고, 은퇴 후의 연금 보장도 불투명해지면서 '대기업에 입사하면 연봉도 노후도 걱정 없다'는 성공 모델은 무너지고 있습니다.

인터넷으로 대표되는 테크놀로지의 진화와 세계화로 인해 사회는 더욱 복잡하게 얽혀있고 우리 주변의 생활도 많은 영향을 받고 있습니다.

사람이 사람다움을 잃었을 때

고독의 원인

우리는 오늘날 자본주의적 사고방식이 가장 많이 침투된 사회에 살고 있습니다. 하지만 저는 자본주의 사회가 이미 한계에 와 있는 것은 아닐까 생각합니다.

그렇게 생각하는 이유는 두 가지입니다.

하나는 사회 전체가 '물건이 없던' 시대에서 '물건이 넘쳐나는' 시대로 바뀌었다는 점입니다. 물건을 대량으로 생산하고 소비함으로써 돌아가던 경제 모델이 더 이상 작동하지 않게 된 거죠.

생산 확대-소비 확대의 경제모델 원동력인 '더 갖고 싶다'는 욕구에 따라 개인과 기업, 국가는 각자의 욕구에 따라 자신의 이익을 추구해 왔습니다.

그러나 지금은 구성원 간의 큰 격차와 단절이 생겨났습니다. '세상의 억만장자 상위 8명이 전 세계 부의 절반을 가지고 있다'는 데이터가 있을 정도입니다.

다른 하나는 '무한'에서 '유한'을 생각하지 않을 수 없는 상황이라는 점입니다.

'지구상의 자원은 무한히 사용해도 된다'는 전제 하에 대량 생산과 대량 소비를 반복한 결과, 여러 가지 환경 문제가 일어나고 있습니다. '지금까지의 방식을 지속한다면 지구는 붕괴하고 만다'는 위기의식이 커지는 국면에 다다랐죠.

가장 큰 문제는 경제 논리에만 사로잡혀 우리가 '사람다움'과 '사람과의 관계'를 상실했다는 것입니다.

오늘날 우리는 물건을 살 때 돈(화폐)만이 교환의 가치라고 여기기 때문에 돈을 버는 것이 삶의 목적인양 살아갑니다. 그러나 원래 화폐 경제가 인프라로 자리잡기 이전에는 물건과 물건을 직접 교환하는 물물교환의 시대가 있었습니다. 옷과 쌀을 교환하거나 생선과 채소를 교환하는 등 '돈을 매개로 하지 않고 각자가 물건의 가치를 결정한다'는 합의가 있었죠.

그 이전에는 증여의 경제도 존재했습니다. '상부상조'와 '나눔'의 정신이 그것인데, 주는 순간에 동등한 가치가 돌아오지 않더라도 돌고 돌아서 결국은 나에게 올 것이라는 유대와 신뢰의 관계성이 바탕을 이루고 있었죠.

궁핍의 시대를 살던 일본 사회는 세계대전 이후 물건의 대량 생산과 개인의 소비 촉진으로 '물건의 개별화'가 진행되었습니다. 마을에 한 대뿐이던 텔레비전은 한 집에 한 대가 되었고 다시 방마다 한 대가 되었죠.

10명 이상의 3대가 살던 대가족에서 부부와 자녀가 사는 핵가족으로, 이제는 1인 가구가 대세인 시대가 되었습니다. 정부 조사에 따르면 최근 30년간 '부부와 자녀로 구성된 세대'의 비율보다 '1인 가구'의 수가 더 많아져서, 3~4인 가구보다 1인 가구의 수가 더 많은 비율을 차지한다고 합니다.

또한 경쟁사회 속에서 빈부의 격차가 급격히 커지면서 계층의 구분과 단절은 명확해졌습니다.

편의점이나 인터넷 쇼핑의 발전으로 대표되듯이 물건을 구입하는 방법도 효율화되고 자동화되었습니다. 과거의 물물교환처럼 물건을 통해 사람과의 유대감을 느끼거나 인간다운 활동을 하는 게 매우 어려워졌죠.

그 결과, 의식주에서 사람과의 유대감을 갖기가 어려워졌습니다. 물건의 개별화 과정이 관계를 희박하게 만들고 고독을 초래하는 원인이라고 생각합니다.

지금 1년에 3만 명이 고독사 하고 있다는 사실을 알고 있나요?

과로사가 늘고 있다는 것도 심각합니다. 과로사는 세계에서 가장 부유한 나라 중 하나인 일본에서도 빈번하게 일어납니다. '살려면 죽을 만큼 일해야 된다'는 가난 때문이 아니라 '계속 성장해야 한다'거나 '더 높은 곳을 지향해야 한다'는 강박관념 때문에 과로하게 되는 것입니다.

장시간 일하다 보면 회사 이외의 것과 교류할 시간이 없어지고 사람과의 관계도 줄어듭니다. 마음을 터놓을 친구나 동료는 없고 고독감과 정신적 스트레스를 받게 되지요. 이것이 과로사를 유발하는 게 아닐까요?

공유 경제는 자본주의가 초래한 단절과 격차, 대량 생산 및 대량 소비, 고독 등의 문제를 일으키지 않고 좀 더 인간답게 살아갈 수 있는 지속가능한 사회를 만드는 기반이라고 생각합니다.

개인 중심 사회의 도래

‘조직’에서 ‘개인’으로 중심이 이동

사회 전반에 걸쳐 ‘조직’에서 ‘개인’으로 중심이 이동하고 있다는 점이 공유 시대를 앞당기는데 큰 영향을 미치고 있습니다.

지금까지의 사회는 돈·정보·물건·직업 등 모든 일이 국가와 은행, 기업 같은 ‘조직’을 매개체로 성립되었습니다. 따라서 돈이나 정보 등은 필연적으로 다양한 조직의 허브가 되는 더 큰 조직으로 모여들게 되었죠. 이른바 중앙집권 상태였습니다. 그리고 개인보다는 조직의 논리가 우선되기 쉬웠습니다.

하지만 요즘은 인터넷을 통해 개인과 개인이 직접 연결되고 조직을 거치지 않아도 정보와 물건, 모든 것들을 교환할 수 있습니다. 그러자 허브였던 조직의 필요성이 사라지면서 권력이 중앙으로 모이지 않고 개인에게 분산되었죠. 개인이 각각의 물건이나 정보의 허브 기능을 하는 '개인 중심의 사회'가 실현되고 있습니다.

개인과 개인이 연결되는 분산 사회로

개인과 개인이 직접 연결되는 개인 중심의 사회에서는 조직을 매개로 할 필요가 없습니다. 바다 건너 외국에 있는 사람들과도 손쉽게 연결할 수 있죠. 전 지구적으로 국가와 기업이라는 큰 조직의 관리를 받을 필요가 없는 개인이 주역이 되는 인프라가 실현되는 것입니다.

그렇게 되면 국가나 기업이 위기 상황에 기능을 못하게 되더라도 개인과 개인의 네트워크를 통해 사회를 지속할 수 있습니다.

오히려 개인이 국가나 기업을 감시할 수 있게 되어 조직의 논리에 속거나 착취당할 위험성도 줄어듭니다.

일하는 방식도 크게 변하고 있습니다. 지금까지는 기업이나 국가 등의 조직에 속함으로써 일을 얻는 사람이 대부분이었습니다. 그러나 개인 중심의 사회에서는 일하기 위해 반드시 기업에 입사할 필요가 없습니다. 개인이 조직에 속하지 않더라도 자신이 하고 싶은 일을 원하는 장소에서 원하는 시간에 원하는 양만큼 선택해 일할 수 있기 때문이죠.

소비의 양상도 변하고 있습니다. 지금까지는 기업이 책정한 가격으로 상품을 구매함으로써 경제가 돌아갔지만, 개인 간의 거래가 생기면서 개인이 자유롭게 가격을 정할 수 있게 되었습니다. 그 바탕에는 사람과 사람의 관계를 토대로 하는 신뢰가 있습니다.

개인이 주역인 시대

조직 사회에서 개인과 개인이 연결되는 분산 사회로 이동함으로써 일어나는 변화를 정리하면 다음과 같습니다.

- 모두가 물건의 가치를 정할 수 있다.
- 모두가 권력을 감시할 수 있다.
- 국가와 돈 같은 기존 사회 시스템의 가치가 흔들려도 신뢰로 연결된 네트워크가 있으면 사회를 지속 가능한 방법으로 유지해 나갈 수 있다.

이처럼 바야흐로 개인이 주역이 되는 시대가 도래하고 있습니다.

제4장에서 좀더 자세히 설명하겠지만, 경제 활동뿐만 아니라 지금까지 국가와 행정에 의존했던 공공 서비스, 사회보장 같은 사회 인프라도 공유를 통해 스스로 만들 수 있을 것으로 기대됩니다.

개인이 중심인 사회 시스템을 구축할 수 있는 가능성이 높아지고 있습니다.

'풍요'의 패러다임 전환

돈에서 신뢰로

개인의 시대로 이동하면서 '풍요'라는 개념에도 패러다임 전환이 일어나고 있습니다.

눈에 보이는 물건을 소유하고 자랑하는 즐거움보다는 정신적 풍요와 행복에 사람들이 관심을 갖기 시작한 게 아닐까 생각합니다.

물건을 많이 소유한다고 그만큼의 행복이 따라오는 게 아니란 걸 알게 된 거죠.

지금까지는 입사 희망 랭킹 상위권의 대기업에 들어

가 고액 연봉을 받고 좋은 차를 타고 좋은 집에서 사는 것을 '풍요로운 사람'의 롤모델로 여겨왔습니다.

그러나 개인의 시대에는 '개인적으로 신뢰 받는 네트워크를 가진 사람'이 단순히 돈만 많은 사람보다 더 신뢰 받고 동경의 대상이 됩니다.

지금까지는 돈과 경력, 사회적 지위와 브랜드가 사회적 가치로 환산되는 개인의 자산이었습니다. **그러나 돈의 가치가 흔들리기 시작한 요즘 시대에 '풍요로운 사람'의 롤 모델은 '내적 만족감을 느끼며, 타인과의 유대관계를 통해 신뢰를 얻는 사람'입니다.**

거기에 영향을 받은 듯 사회 풍요에 대한 정의도 바뀌기 시작했습니다.

지금까지 사회의 풍요는 GDP를 축으로 한 '물건과 돈의 양'으로 측정되는 것이 당연하다고 여겨져 왔습니다. 그러나 지금은 'GDP는 본질적으로 풍요를 측정할 수 있는 지표가 아니다'라고 합니다. GDP는 '매년 생산되는 물건의 총량'에만 초점이 맞춰져 있고 '보이지 않는 가치'는 환산되지 않기 때문이죠.

이를테면 가정 내에서의 집안일이나 육아, 간병 등의

노동은 포함되지 않습니다. 또한 사람과 맺는 관계의 가치 등도 포함되지 않죠.

EU 유럽위원회와 국제연합에서는 GDP라는 기준을 재검토하려는 논의가 적극적으로 이루어지고 있습니다. 경제적인 제품 생산량이 아닌 사람들의 삶의 질, 예컨대 교육 수준, 의료 서비스의 보급 정도, 유아 사망률, 평균 수명, 환경 문제에 대한 대처와 지속 가능한 개발, 레저에 쓸 수 있는 시간 같은 상대적으로는 측정하기 어려운 가치에 착안한 조사와 검토가 시작되었습니다.

새로운 풍요의 기준을 정의하는 나라도 생겼습니다. 부탄에서는 'GNH(Gloss National Happiness) = 국민총행복량'이라는 독자적인 지표를 국가적으로 내세우고 있습니다.

GNH는 경제 성장을 전제로 한 경제 지표가 아니라, 문화와 전통, 국민의 건강 등 72가지 지표를 통해 국민의 행복도를 측정하는 것입니다. 부탄은 이를 바탕으로 한 정책도 마련하고 있습니다.

'나'에서
'우리'로

유대감을 통해 행복을 느끼는 시대

개인주의 시대일수록 주어는 '나'에서 '우리'로 바뀝니다.

물질적으로 풍요로워지고 개인이 무엇이든 조달할 수 있게 되면서 사람들은 더욱 더 타인과의 유대감을 통해 행복을 느끼는 게 아닐까요?

서로의 차이나 개성이 이전보다 훨씬 더 가시화됨으로써 오히려 자신과 같은 사고, 같은 취미, 같은 지역이라는 공통점을 발견하면 반갑습니다. 온라인 혹은 오프라인의 같은 공간에서 시간을 함께 보낼 수 있다는 것에서 행복을 찾고 있는 게 아닐까 생각합니다. 나 혼자 체험하는 것보다 누군가와 함께 그 순간을 경험하고 나누는 것이 행복이지요.

'소유에서 이용으로'라는 말이 나온 지 오래입니다. 그 본질은 **단순히 물건을 사고 소유하는 데서 의미를 찾는 것이 아니라, 물건을 이용하면서 타인과 소통할 수 있는 관계를 형성하고 싶다는 무의식의 발로라고 생각합니다.**

'나만 좋으면 된다'는 생각에서 '모두에게는 어떤가? 나만 이득을 보고 있지는 않은가?'라는 가치관으로의 변화라고도 할 수 있죠.

그 배경에는 고도 경제 성장기에 '사회의 자원은 무한하다'는 전제 하에서 대량 생산과 대량 소비를 반복하다가 사회 문제에 봉착하게 된 것과 최근 10년 사이에 겪은 자연 재해와 금융 위기, 국제 테러 등 여러 가지 커다란 사회적 경험이 있었습니다.

결국 사회의 이익과 개인의 이익은 분리될 수 없다는 사실을 깨달은 것이죠. 개인주의 시대에는 자신이 갖고 싶은 것, 하고 싶은 것보다 '우리가 무엇을 함께 가질까, 사용할까, 다 같이 무엇을 할까, 무엇에 공감할까'라는 것이 중시됩니다.

또한 내면적인 마음의 풍요가 중시되고 있다고 앞서 이야기했습니다. 물질적인 충족은 개인으로 완결되지만 마음의 충족은 타인과의 관계성 속에서만 이루어집니다.

행복은 관계를 통해서만 생깁니다. 궁극적으로 인간의 행복이란 눈에 보이지 않는 것이죠. 그러나 마음으로 느끼는 공감과 감동, 사랑하는 마음, 그 대부분은 사람과의 관계로부터 얻어지는 것이며, 그때 행복감을 느끼게 됩니다.

원래 모든 사람은 타인과 연결되고 싶은 욕구를 가지고 있습니다. 그 관계가 안식처로 느껴집니다.

'우리'라는 가치관은 '공유'의 가장 핵심적인 부분입니다. 개인주의가 당연해진 세상이기에 더욱 더 타인과 공감하거나 타자와 유대감을 느끼면 행복해집니다.

공유란 앞으로 펼쳐질 새로운 사회에서 행복으로 연결되는 정의이자 사상입니다.

1장 Point

◉ 사회 전체가 '물건이 없는 삶'에서 '물건이 있는 삶'으로 변했다.

◉ 대량 생산 및 대량 소비와 격차를 낳는 '자본주의'는 이미 한계에 와 있다.

◉ '조직'에서 '개인'으로 중심이 이동하면서 '개인이 주역인 시대'가 되었다.

◉ '풍요'의 정의가 사회적인 것에서 내면적인 것으로 바뀌고 있다.

◉ 앞으로의 시대는 '신뢰'와 '관계'가 중요한 가치이다.

SHARE
LIFE

Chapter 2

Enlighten the New Value

제2장

새로운 가치관 '공유'

앞 장에서 앞으로의 시대는 '개인'이 주역인 시대가 된다는 점과 '풍요'가 내면적인 것으로 변해간다는 말씀을 드렸습니다. 그런데 왜 지금 이 시점에서 '공유 경제'가 주목을 받는 것일까요? 대체 '공유'란 무엇일까요? 2장에서는 앞으로의 시대를 살아가는데 필요불가결한 개념인 '공유'의 본질에 대해 이야기하려합니다.

S H A R E L I F E

'공유'란 무엇인가?

옛날부터 있었던 '공유'라는 개념

오늘날 확산되고 있는 '공유'의 원풍경에는 과거 일본에서 흔히 볼 수 있었던 '공동체 문화'가 있습니다.

에도 시대에는 생활의 거의 모든 것을 공유하였습니다. 공동주택(나가야)에 살면서 이웃과 많은 공간을 공유했고, 간장 등의 식재료나 농기구 등을 서로 빌리고 빌려주며 살았습니다. 관혼상제 도구나 우비(雨備), 이불, 가재도구를 조달해주는 '대여점'도 있었습니다. 지연(地緣)을 토대로 한 커뮤니티 안에서 의식주의 대부분을 공유하고 서로 도우며 삶을 이어갔죠.

그것은 개인과 개인의 유대관계와 신뢰를 바탕으로 성립된 것이었습니다.

저의 할머니는 86세로 전쟁을 겪은 세대입니다. "할머니가 감기에 걸렸을 때, 공동주택 안에 도움을 청할 만한 사람이 가까이에 몇 명이나 있었어요?"라고 물었더니 "무슨 소리야? 당연히 동네 사람들 모두지. 100명 정도 됐을까? 옛날에는 모두 형편이 비슷했으니까. 서로 의지하며 살았지."라고 말씀하셨어요.

이런 문화가 생겨난 배경에는 경제적인 이유도 있었지만, 일본에 뿌리 내린 동양사상의 영향도 컸다고 생각합니다.

'세상 모든 것에 신이 깃들어 있고 더불어 살아간다'는 믿음 아래 자연과 공생하면서 자기 존재를 탐구하고 타인과의 관계성을 소중히 여겼죠.

'개인'이라는 개념은 존재하지 않았고 '나는 전체 중의 일부이며, 일부인 내가 전체를 구성한다.'고 생각했습니다. 에도 시대에는 이 공생의 정신 아래 '두레'라는 상호부조가 성립되어 농사일과 눈 치우기 같은 노동을 무상으로 제공하며 공동체를 유지했습니다.

지금 공유 경제가 주목받는 이유

그렇다면 왜 최근 들어 공유가 주목받고 있는 것일까요?

거기에는 두 가지 배경이 있습니다.

하나는 인터넷의 등장과 테크놀로지의 발전입니다. 예전 이웃집에서 간장을 빌리듯 개인 간의 대여나 매매가 쉽게 가능해진 것이죠. 내가 갖고 있는 것과 상대방이 필요로 하는 것이 눈에 쉽게 보입니다.

시간과 거리의 제약을 넘어 여러 사람과 대여나 매매, 그 밖의 거래가 순식간에 가능해졌죠. 게다가 위치 정보 활용이나 결제 시스템의 진화로 인해 개인 간의 거래가 현재진행형으로 보다 더 원활하고 편리해지고 있습니다.

또 하나는 사회적으로는 물론이고 개인 사이에서도 공유라는 사상에 대한 공감대가 넓어지고 있다는 점입니다. 이는 앞에서 말씀드린 바와 같이 조직 중심에서 개인 중심의 사회로 권력 이동이 일어나고 있고, '풍요'의 개념이 변하는 것과 관련이 있습니다. 이같은 배경에서 새로운 사회를 만들 수 있으리라는 가능성이 주목받는 것입니다.

B to C에서 C to C 경제로

기존의 비즈니스는 기업이 재료를 구입하여 물건을 생산하고 소비자인 우리에게 서비스를 제공하는 'B to C(Business to Consumer)' 모델이 일반적이었습니다. 우리의 생활은 기본적으로 기업이 만든 물건을 사고 소유하고 소비하는 것으로 이루어졌지요.

이에 반해 공유 경제에서는 'C to C(Consumer to Consumer)'라는 모델이 가능해졌습니다. 개인이 쓰지 않는 물건이나 공간, 시간과 지식, 기술까지 모든 것이 상품이 되고 우리 개인은 서비스 제공자가 될 수 있습니다.

심지어 스스로 가격을 정하거나 혹은 무상으로 양도

하는 등 기업이 아니라 개인의 재량에 따라 거래할 수 있습니다.

이 C to C 모델을 인터넷상에서 서비스로 만든 것이 '플랫폼'입니다. 이 기업들이 개인 간의 공유를 중개하는 장을 제공합니다.

2008년경부터 미국을 중심으로 시작되어 삽시간에 퍼졌습니다.

숙박 장소를 제공하고 싶은 호스트와 숙박을 원하는 게스트를 연결하는 민박 공유 플랫폼 'Airbnb'나, 자가용 차를 효과적으로 활용하고 싶은 드라이버와 차를 타고 싶은 사람을 이어주는 차량 공유 플랫폼 'Uber' 등이 대표적인 예입니다.

그 기세는 미국에 국한되지 않고 유럽과 한국, 중국, 동남아시아 등 전 세계로 퍼지고 있습니다.

일본에서는 아직 '공유 플랫폼 = Airbnb·Uber = 해외 서비스'라는 인식이 강합니다. 하지만 제가 소속되어 있는 '공유 경제협회'에는 공유 서비스 기업이 약 280개나 있고 그 중 90% 이상이 일본 기업입니다. 일본발 공유 서비스도 앞으로 점점 더 보급되고 발전할 것이라 생각됩니다.

비영리 조합형 '공유'

기업을 매개로 하지 않고, 이익을 추구하지 않는 '개인 조합형' 공유 모델도 존재감이 커지고 있습니다. 예로부터 있었던 '협동조합'과 같이 개인이 조합비를 공동 자금으로 모아두고 운영비와 비용을 충당하는 구조입니다.

미국에서 시작된 조합형 가사 대행 서비스 'UP&GO'는 비영리 플랫폼으로, 저렴한 수수료를 서비스 운영 비용으로 충당합니다. 일반적인 기업 중개형 가사 대행 서비스가 매칭의 20~30%를 수수료로 공제하는 것과 비교하면 공유 경제 노동자에게 더 많은 수입이 돌아가게 됩니다.

작년부터 조합형으로, 블록체인을 활용한 플랫폼도 세계 각지에서 등장하고 있습니다. 캐나다에서 시작된 블록체인형 차량 공유 서비스 'Eva'는 개인끼리 지불액을 정할 수 있으며 '토큰'이라는 독자적인 포인트를 통해서도 지불할 수 있습니다.

공유 시대에는 '신뢰'가 관건

지금까지의 B to C 모델에서는 기업의 평판이나 국가 및 업계가 정한 서비스 수준의 지표 등을 통해 서비스 제공 기업을 신뢰해왔습니다.

반면, 인터넷을 통한 개인 간 거래에서는 '무엇을 통해 제공자를 신뢰할 수 있는가?'라는 과제가 생기게 됩니다.

이를 해결하기 위한 새로운 방법이 '리뷰 시스템'입니다. 이른바 개인 간의 '타베로그(유저의 입소문과 함께 전국 레스토랑 정보가 실려 있는 일본 사이트)' 평가 같은 기능입니다.

인터넷에서 물건을 사고 판 적이 있는 사람이라면 이 '입소문'에 의한 평가가 거래 판단에 얼마나 막대한 영향력을 갖는지 많이 경험하였을 겁니다. 이 기능 덕분에 옛날부터 있어왔던 '신뢰'에 근거한 상호 협력 관계를 장소를 초월하여 만들 수 있게 된 것이죠.

예전에는 안면이 있는 커뮤니티나 관계 속에서만 '물건'을 빌려주었지만 이제는 인터넷을 통해 삽시간에 해외의 100명 혹은 1,000명의 낯선 사람과 거래할 수 있습니다.

이 시스템이 가능한 이유는 지금까지 상대와 실제로 만나 합승을 했거나 숙박 장소를 이용했던 사람이 남긴 평가와 코멘트가 있기 때문입니다. 이를 통해 '신용할 수 있는지의 여부'를 눈으로 볼 수 있고, 다음에 거래할 사람이 서비스 판단의 근거로 사용할 수 있게 된 것이죠.

거꾸로 말하면, 아무리 돈이 많고 사회적 지위가 높아도 신뢰를 얻지 못하면 공유 커뮤니티 속에서 거래에 참여하기는 어렵습니다.

이에 대해서는 제5장에서 자세히 다루겠습니다만, 공유라는 개념에서는 이 '신뢰'를 어떻게 파악하고 우리 개개인이 어떻게 재정의할 수 있는지가 관건입니다.

S H A R E L I F E

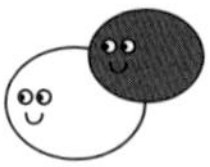

'공유'가 창출하는 새로운 가치

보이지 않는 것이 '가치'가 된다

공유가 창출하는 새로운 가치 - 그것은 지금까지 가치라고 여겨지지 않던 것, 보이지 않는 것이 '가치' 있어진다는 점입니다.

공유를 통해 이전에는 '가치'로 간주되지 않던 것이나, 전국에 잠들어 있던 가치 있는 것들이 새로운 형태로 드러나게 됩니다. 이를테면 십수 년 동안 방치되던 빈집이나 폐교가 민박이나 게스트하우스로 재탄생하는 경우입니다.

‘더 이상 사용할 수 없다’거나 ‘가치가 없다’고 생각되던 것들이 공유 플랫폼을 통해 그것을 ‘갖고 싶다, 이용하고 싶다’고 생각하는 사람과 만나게 됩니다. 자금이나 사람을 공유 플랫폼에 한데 모아 새로운 가치를 만들어내게 된 것이죠.

‘기업이 이익을 위해 하는 사업’이란 관점에서는 수요가 너무 작아서 서비스 가치로 여겨지지 않던 틈새사업도 새로운 가치를 갖게 되었습니다. 그것을 필요로 하는 사람과 그 지식이나 경험을 가진 사람을 플랫폼을 통해 만나게 함으로써 가능해진 일입니다.

여기에는 정말 다양한 사례가 있습니다. ‘튀김을 좋아하는 사람이 기획하는 튀김 투어’, ‘생후 1개월 된 아이의 체중이 늘지 않는다’는 고민을 가진 엄마들끼리 서로 상담해주는 커뮤니티도 있습니다.

개인의 입장에서는 **개인이 서비스를 제공함으로써 자신도 미처 몰랐던 특기나 경험이 누군가에게 도움이 되고 가치로 교환됩니다.**

전업 주부가 다른 집의 집안일이나 정리정돈을 해주는 공유 서비스 ‘다스카지(taskaji.jp)’에서는 집에서 늘

해오던 정리정돈이나 요리법을 의뢰받은 가정에서 실현해 보이고, 큰 호응을 얻으면서 입소문이 커져 책까지 출판한 사례도 있습니다.

가사나 육아, 간병도 그렇지만, 우리가 가정 내에서 돈이 되지 않는다고 여기던 많은 일은 원래는 누군가에게 도움이 되는 가치였습니다. 공유 플랫폼을 통해 그러한 가치를 가시화하면 일하는 사람도 필요로 하는 사람도 그 의의를 서로 확인할 수 있습니다.

'고맙습니다'라는 감사의 마음을 드러낸 공유 플랫폼도 등장했습니다.

감사 경제 커뮤니티 앱 〈KOU〉는 '해주길 바라는 것'이나 '부탁하고 싶은 것'을 거래하고 '해준 것'에 대한 감사의 마음을 코인으로 공유하는 어플리케이션입니다.

지금까지는 돈을 매개로 하지 않는 도움이나 물건의 교환은 가치를 측정하기 어려웠습니다. 하지만 이런 플랫폼을 이용하면 '커뮤니티나 관계 속에서 내가 얼마나 도움을 받았는지, 그리고 누구를 얼마나 도와주었는지'를 알게 됩니다.

지금까지는 자본으로 여기지 않았던 '감정의 교환'을

기록하고 저장할 수 있게 되는 거죠. **그것이 그 사람의 신뢰도를 높이고 커뮤니티의 연결 고리를 더욱 강화시키게 됩니다.**

제약으로부터의 자유, 소유하지 않는 행복

공유를 하면 모든 제약에서 해방되어 홀가분하고 자유롭게 살 수 있습니다. 저는 그렇게 생각하고 있어요.

집, 차, 옷…… 그동안 우리는 생활에 필요한 '더 좋은 물건, 보다 높은 품질의 물건'을 얻기 위해 열심히 일했습니다. 하지만 그 결과, 여유 시간은 줄어들고 버리지 못할 물건만 늘어났죠. 그것이 오히려 우리의 '자유'를 구속하고 있음을 깨닫기 시작합니다.

"당장이라도 외국에 가서 살고 싶지만 결정하기 쉽지 않다……", "지금 당장 회사를 그만두고 싶지만 그만둘 수 없다……" **지금의 생활을 유지하기 위해 소유해 온 물건들이 지금의 생활을 바꾸고 싶을 때 심리적·물리적 장벽이 됩니다.**

하지만 생활에서 모든 사물을 공유하면 원하는 시간에 원하는 장소에서 원하는 만큼 이용하거나 일시적으로 소유할 수 있습니다. 일상 생활을 공유로 바꾸면 물건을 소유함으로써 생기는 불편이나 자신을 제약하던 것으로부터 해방되어 좀 더 자유롭고 새로운 풍요를 얻을 수 있습니다.

공유의 본질은 '관계'

새로운 풍요의 지표 '관계'

공유를 통해 생기는 가장 큰 가치는 '관계'입니다. 바야흐로 **'관계'가 돈이나 사회적 지위처럼 개인의 자산으로 여겨졌던 자본과 동등한 가치를 갖게 된 시대가 온 것입니다.** 저는 이것을 '관계 자본'이라고 부르고 있습니다.

지금 사회에는 '안심의 패러다임 전환'이라 할 만한 상황이 벌어지고 있습니다. 이렇듯 미래가 불투명한 시대에 확실한 안심을 살 수 있는 자본이 바로 '관계'입니다.

무슨 일이 생겼을 때 손 내밀어 줄 사람이 떠오르는

것 – 내일 만약 지진이 일어나도 쌀을 보내줄 사람, 잠을 재워줄 집이나 인간관계, 믿고 부담 없이 의지할 수 있는 커뮤니티가 있는 것 – 그런 관계를 늘려가는 것이 앞으로의 시대를 살아가는 데 중요한 자산이 될 것이라 확신합니다. 그리고 그런 '관계를 얼마나 모을 수 있는가'가 앞으로 새로운 풍요의 지표가 되지 않을까 생각합니다.

공동 이익을 바탕으로 하는 관계 자산

관계를 자산으로 보는 개념은 '사회관계자본 = 소셜 캐피털'이라고도 합니다. 미국의 정치학자 로버트 퍼트넘은 사람들이 타인에 대해 가지는 '신뢰', 그리고 '피차일반', '상부상조'라는 단어로 상징되는 '상호적 규범', 사람과 조직 사이의 '네트워크(유대)'를 '소셜 캐피털'이라고 부르며 이것이 개인과 사회 모두에게 이익을 가져다 줄 것이라고 주장합니다.

자본주의 시장은 지금껏 '사적인 이익' 추구를 바탕에

두고 ‘물질적인 이익’을 원동력 삼아 발전해왔습니다.

반면에 사회관계자본은 ‘사람들 간의 공동 이익’을 바탕에 두고 ‘나누고 싶다 · 공유하고 싶다는 욕구’ 자체를 원동력으로 삼고 있습니다.

‘관계가 인간의 행복이나 안정감과 직결된다’는 사실도 이미 다양한 조사와 연구를 통해 밝혀졌습니다. 미국의 버크먼-사임(Berkman&Syme) 연구에 따르면 유대 관계가 적은 사람은 유대 관계가 많은 사람에 비해 사망률이 2배나 높다고 합니다.

내각부의 ‘행복도에 관한 연구회 보고 – 행복도 지표 시안’ 조사를 보면, ‘일본에서는 지난 30년간 1인당 GDP가 2배 가까이 성장했음에도 불구하고 삶의 만족도는 오르지 않았다’는 내용도 있습니다.

반면에 UN 조사에서는 행복의 중요한 요소로서 1인당 GDP보다 ‘관계’를 우선으로 꼽고 있습니다. 사회의 경제적 풍요를 GDP라는 통계 숫자로 판단하지 않는 것이죠. 오히려 ‘관계 맺기’를 개인의 풍요로 규정하고 국가의 성장 척도로 도입하려는 곳도 생기고 있습니다.

공유를 통해 누구나 '관계'를 만들 수 있다

공유의 시대에는 누구나 이전보다 더 간단히 관계를 만들 수 있습니다. 그것은 **일부 뛰어나게 소통을 잘하는 사람들만의 이야기가 아닙니다. 누구나 지금보다 많은 유대관계를 가질 수 있습니다.**

저는 2012년경부터 해외여행을 갈 때 공유 플랫폼을 활용해 왔습니다. Airbnb로 숙박하는 집 식구들과 함께 밥을 먹고, 쇼핑하러 가고, 놀러 가거나 함께 시간을 보내죠. Facebook 친구가 되기도 합니다. 귀국 후에라도 다시 그 나라에 갈 기회가 생기면 놀러가기도 하고 상대방이 일본에 오면 제가 재워주기도 합니다.

Uber를 이용할 때는 고작 1시간 이동하는 사이에도 이야기꽃을 피우곤 합니다. 연애 이야기까지 하다가 나중에는 SNS로 상담을 주고받는 사이가 되기도 하죠. 공유 서비스를 이용할수록 전 세계에 친구가 점점 늘어납니다.

공유 서비스를 이용하기 전에 묵었던 호텔 담당자나 택시 기사와 이런 관계를 가져본 적이 없습니다. '기업의 서비스 제공자'와 '소비자' 사이에는 이런 관계성을 만들기 어렵습니다. 하지만 공유 서비스에서는 호스트 측도 수입을 얻기 위한 '본업'이라기보다는 '남는 장소를 빌려 준다거나 빈 시간을 활용한다'는 의식이 강하기 때문에 이용자 측과 대등한 관계로 지내는 경우가 많습니다.

예전 같았으면 저도 호텔에서 묵고 택시로 이동했을 거예요. 서비스에 대한 대가를 지불하는 비즈니스 관계로 끝났겠지만, 호텔에 묵는 대신 Airbnb를 이용하면 호스트와 함께 맥주를 마시고 SNS로 연락을 하게 됩니다. 다음번에 그 나라에 갈 때는 이미 친구 같은 관계가 되어있죠.

셰어 하우스도 코워킹 스페이스(co-working space. 한국에서는 공유 오피스와 코워킹 스페이스를 같은 개념으로서 공유 오피스라고 쓰는데, 이 책에서는 구분하고 있습니다)도 마찬가지입니다. 지금까지는 단순히 소비하면 끝이던 서비스가 이제는 타인과의 관계를 축적해가는 장소가 되었습니다. 마치 '손님은 친구'라는 느낌이죠. 공유 서비스의 본질적인 가치는 여기에 있다고 생각합니다.

커뮤니티를 통한 새로운 인간관계

공유를 통해 인간관계도 달라집니다. 지금까지 우리는 기본적으로 '소속 장소'를 통해 관계를 맺어왔습니다. 소속된 학교, 회사, 반상회가 대표적인 사례죠. 하지만 공유를 함으로써 소속과 더불어 '가치관 · 목적 · 소비'를 통해서도 관계를 맺을 수 있게 되었습니다.

같은 취미를 가졌거나 가치관이 통하는 사람, 같은 세계관을 가지고 있는 사람과 네트워크를 갖는다는 건 원래 기분 좋은 일이죠. 하지만 지금까지는 그런 네트워크를 구축할 기회가 별로 없었습니다. 회사 · 학교 · 유치원 같은 소속을 통해 모인 커뮤니티 안에서 친한 사람을 찾을 수밖에 없었죠.

학창시절을 함께한 동료는 친구라고 부르지만, 직장 동료를 친구라고 말하는 사람은 별로 없을 겁니다. 학창시절의 친구라도 라이프 스테이지가 바뀌면 가치관도 변하죠. 그래서 갈수록 이야기가 통하지 않는다거나 오랜만에 만났는데 생각보다 즐겁지 않았던 경험을 종종 하게 됩니다.

또한 매일 해야 할 일과 육아에서부터 간병까지 생활이 바쁘다보니 같은 가치관을 가진 친구를 새로 사귈 기회가 한정될 수밖에 없습니다.

그런 관점에서 본다면 관계를 만드는 계기로 공유 경제가 담당하는 역할이 크지 않을까 싶습니다.

'무슨 일이 생겼을 때 부담 없이 부탁할 수 있다'는 관계성은 지금까지는 유일하게 결혼이나 가족을 통해서만 가능했습니다.

그러나 자기 표현의 선택지가 많아진 현대 사회에서는 결혼을 그리 쉽게 선택하지도 않거니와, 결혼을 했더라도 가정 안에서 모든 것을 요구하기는 어렵습니다. 그런 상황에서 새로운 인간관계를 만들 수 있는 것이 공유하는 라이프 스타일이라 생각합니다.

커뮤니티가 안식처가 되다

무엇인가를 공유하다보면 거기서 동료가 생기고 커뮤니티가 생깁니다. 예컨대 남의 집에서 잠을 잔다거나,

물건이나 장소를 공동 소유하거나, 빌리고 빌려주다 보면 가끔은 폐를 끼치기도 하고 도움을 받는 경우도 있습니다. 그런 일이 쌓이면서 관계가 진하고 깊어집니다.

개인 간에 차량 공유를 할 수 있는 〈Anyca(애니카)〉라는 서비스를 예로 들어 볼게요. 처음에는 단순히 원하는 차를 공유하려고 서비스 이용을 시작합니다.

그런데 그곳에서 만난 두 사람은 단순한 차주와 이용자의 관계에만 머무르지 않습니다. 둘은 공통된 취미를 가지고 있었기 때문이죠. 자연스럽게 대화가 무르익고 거기서 한 단계 발전해 취미 동아리를 만들거나 심지어는 취미 그 이상의 관계로까지 발전하는 일이 현실에서 일어나고 있습니다.

공유 오피스에서는 일도 관계도 중요해진다

직장의 인간관계도 변하고 있습니다.

제가 매일 출근하는 공유 오피스나 코워킹 스페이스에는 무슨 일이 생기면 언제라도 도움을 청할 수 있는 관계가 있습니다.

그런 신뢰 관계를 구축하는 이유는 공유 오피스의 인간관계가 기업의 인간관계와 크게 다르기 때문입니다. 지금까지 해 온 일의 방식은, 우선 회사가 있고 사업이 있고 그 사업과 결부되어 자신의 역할이 있고 그 명함의 직함 대 직함으로 일하는 것이었습니다. 그 이상 상대에 대해 알거나 교류할 기회는 제한되어 있었죠.

그러나 공유 오피스에서의 관계는 회사 대 회사가 아닌 개인 대 개인입니다. 개인과 개인이 먼저 관계를 맺고, 그곳에서 커피나 점심을 같이 하다가 또는 공유 공간에서 소소한 잡담을 나누다가 자연 발생적으로 일이 만들어지는 곳이 공유 오피스입니다.

일하는 현장에서도 일과 사생활을 구분한다는 생각에서 벗어나 공과 사의 벽을 낮추고 공사가 뒤섞인 친구 같은 관계를 만들어 갑니다. 일터에서 그런 기회를 만든다면 관계를 넓혀갈 수 있습니다.

2장 Point

- 공유의 원풍경은 과거 일본에 있었던 '상호부조'의 문화
- 테크놀로지를 통해 개인과 개인 간의 새로운 공유 형태가 등장했다.
- 자본주의에서 가치가 없다고 생각되던 것들이 '가치'를 갖게 된다.
- 앞으로 가장 가치 있는 것은 공유를 통한 '관계'

SHARE
LIFE

Chapter 3

Embrace the New way of life

제3장

‘셰어 라이프’가 만들어 낸 작은 기적들

앞 장에서는 새로운 ‘풍요’와 ‘가치’에 대해 알아봤고 가장 중요한 가치는 ‘관계’라고 말씀드렸습니다. 3장에서는 공유를 통해 우리 삶의 방식이 어떻게 변할 것인가? ‘관계’를 축으로 일하는 방식, 사는 방식, 여행, 노후, 가족과 육아, 교육 등 공유를 통한 새로운 라이프 스타일을 제안합니다.

공유를 통해 '일하는 방식'이 바뀐다

좋아하는 일을, 좋아하는 시간에, 좋아하는 장소에서

공유를 통해 '일한다'는 개념 자체가 바뀌고 있습니다.

공유 경제 서비스의 등장으로 시간과 장소에 구애받지 않는 워크스타일을 실현할 수 있게 된 것입니다. 이미 공유 경제를 통해 수입을 얻는 사람이 미국에서는 1,000만 명, 중국에서는 6,000만 명 이상이나 된다고 합니다.

지금까지는 '일한다 = 회사에서 근무한다'는 인식이 일반적이었지만 공유가 확산됨에 따라 회사에 속하지 않아도 '좋아하는 일을, 좋아하는 시간에, 좋아하는 장소에서, 원하는 만큼만' 할 수 있게 되었습니다.

'회사에 소속되지 않고 활동하는 사람'이라면 대부분은 '본업을 통해 기른 전문성 높은 스킬을 가지고 있는 전문가'를 떠올립니다. **하지만 확고한 스킬이 없어도 자신이 가지고 있는 장소나 물건, 지금까지의 경험이나 지식을 공유함으로써 누구나 수입을 얻을 수 있습니다.**

예컨대 출장이 잦은 사람의 애완동물을 돌봐주거나 남는 방을 숙박 장소로 임대하거나 프리마켓 앱을 통해 물건을 판매하는 등 '생활 속에서'도 돈을 벌 수 있습니다.

회사에서 일해야 한다는 '제약'에서 벗어나다

저는 인터넷상에서 일하고 싶은 사람과 일을 맡기고 싶은 사람을 연결해주는 기술 공유 서비스 '크라우드웍스'에서 홍보 일을 한 적이 있습니다. 그때 공유를 통해 일하는 방식을 바꾸면서 인생이 바뀌고 힘든 삶을 극복한 사람을 많이 보았습니다.

아이의 어린이집 추첨에 떨어져 회사를 그만둘 수밖에 없었던 워킹맘이 크라우드웍스를 통해 집에서 일하게 되면서 회사원일 때보다 높은 수입을 얻는 경우도 있습니다. 남편 때문에 해외로 이주하였는데 공유 서비스를 통해 해외에 거주하면서 일자리를 얻은 분도 있고요.

정년퇴직을 한 어느 직장인은 '지금까지의 경험을 살려 누군가에게 도움이 되고 싶다'는 마음으로 집필과 엔지니어 일을 맡았고 삶의 보람을 찾을 수 있었다고 해요. 광고회사에서 바쁘게 일하다가 지진 재해를 겪게 된 어떤 분은 인터넷상으로 일하며 온가족이 캠핑카로 전국을 여행하며 생활한다고 합니다.

공유를 활용하면 지금까지 당연하게 여기던 근로 방식의 '제약'을 없애고 '일한다'는 개념 자체를 바꿀 수 있습니다. 그로 인해 사람들은 보다 자기답게 살 수 있게 되죠.

이처럼 회사에 출근해서 풀타임 근무해야 하는 제약이 사라지면 고령자나 육아 중인 분, 전업주부, 장애인 등 뭔

가 제약을 가지고 있는 분에게도 일할 기회가 옵니다.

누구나 스스로 가치를 창출하고 수입으로 바꿀 수 있습니다. 그런 세상을 실현할 수 있는 것이 '공유'입니다.

현재 일본의 인구는 약 1억 2천만 명인데 반해 노동인구는 약 6천만 명이라고 합니다. 아이나 학생을 제외한 비경제활동 인구, 전업주부나 노인 등이 전체 인구의 절반 가까이 되는 것이죠.

그 중에는 '풀타임 근무는 어렵지만 파트타임은 가능하다', '집에서 아이를 돌보며 할 수 있는 일이라면 하고 싶다'는 분도 많을 거예요. 그런 비노동 인구에 포함된 분들이 공유를 통해 사회에 참여할 수 있게 됩니다. 그것은 많은 기업들의 고민거리인 '일손 부족 문제'를 해결하는 길이기도 합니다.

'공유'를 통해 일하는 나의 하루

저는 현재 법인 조직의 직원이면서 개인 사업자로서 정부나 여러 클라이언트, 공유 서비스를 통해 수입을 얻고 있습니다. 작년에는 창업하여 제가 대표로 있는 조직도 운영하고 있죠.

일하는 장소는 그날 일정에 따라 바뀝니다. 집이기도 한 Cift의 작업 공간과 공유 오피스 · 이벤트 스페이스 · 코워킹 스페이스가 병설되어 있는 복합시설 'Nagatacho GRID', 세계 300곳 이상의 거점이 있으며 25만 명 이상의 멤버가 등록한 'WeWork'를 이용하거나 여러 코워킹 스페이스를 오가며 일하고 있죠.

원래 저는 평범한 회사원이었습니다. 풀타임으로 일하며 회사와 집을 오가는 날들을 보냈죠. 일 자체는 매우 즐거웠지만 너무 바빠서 회사 밖의 사람들과 교류할 시간도 장소도 한정되어 있었습니다.

매일 만원 전철로 통근하는 게 힘에 부쳤고 기분이 내키지 않는 날에도 같은 시간에 같은 장소에 있어야 한다는 규칙이 지금 생각하면 신체적으로 적잖은 스트레스가 되었던 것 같아요.

한 기업의 정사원으로 매월 정해진 액수의 월급을 받는다는 것은 경제적으로 기업과 일체가 되어 있다는 걸 의미합니다.

즉, 그 회사의 직원이라는 범위 안에서 삶의 모든 것을 꾸려나가야 하죠. 좀 쉬고 싶다거나 다른 일을 해보고 싶다는 생각이 들어도 바로 회사를 그만두기에는 용기가 필요했어요.

그래서 수입과 장소를 '공유하는 근로 방식'으로 바꿨더니 정말 다양한 변화가 생겼습니다.

가장 큰 변화는 수입과 직함, 인간관계, 보람 등을 여러 곳에서 찾을 수 있다는 점이었어요. '만약에 무슨 일이 생기더라도 그것에 연연해하지 않아도 된다'는 안심과 자유를 얻게 되었죠.

일의 폭도 점점 넓어졌습니다. 회사원일 때는 명함에 적힌 대로 '리크루트 영업'과 관련된 일이 대부분이었어요. 그런데 여러 가지 일을 하고 여러 개의 직함을 갖게 되면서 스스로 일을 개척해 나가는 것은 물론이고 주위에서 "이런 일도 할 수 있는 거 아니야?", "이 안건 해 보지 않겠어요?"라는 예상 밖의 제안이나 의뢰도 받게 되었습니다.

사람들과의 유대관계도 점점 늘어나고 있어요. 회사원일 때는 같은 부서의 같은 팀 안에서 일하는 게 기본이었죠. 하지만 지금은 여러 프로젝트를 동시에 진행하고 있고, 단발적인 안건이나 이벤트도 무수히 많이 하기 때문에 클라이언트도 팀원들도 계속 바뀝니다. 날마다 새로운 사람을 만날 수 있죠. 연간 1만 명 정도와 명함을 교환하고 수백 명의 사람들과 직접 어울리며 일합니다.

폐쇄적인 사무실을 벗어나 여러 장소에서 일할 수 있기 때문에 '장소'가 인연이 되어 관계가 형성되기도 합니다. 우연히 코워킹 스페이스 옆자리에 있던 사람과 아이디어를 교환하거나 프로젝트를 시작하기도 합니다. '커뮤니티 런치'라고 해서 함께 밥을 먹을 기회도 있고, 요가나 영화 감상 같은 다양한 행사도 있습니다.

아이를 데리고 오는 사람이 있는가 하면 남편이나 아내, 부모님이 놀러 오는 풍경도 일상적인 일이죠.

코워킹 스페이스에서 공간을 함께 쓰는 사람들은 동료라기보다는 '친구'입니다. 회사의 직함과 직함으로 연결되는 것이 아니라 개인과 개인이 관계를 만들어가죠.

코워킹 스페이스는 신뢰할 수 있는 깊은 유대관계와 콜라보레이션이 탄생할 수 있는 기회가 잠재된 곳이라

할 수 있습니다.

어디서나 통용되는 평가와 신뢰가 쌓여간다

본래 사람이 가진 가치는 무한대입니다. 자신이 할 수 있는 것, 잘 하는 것, 취미, 경험들이 현재 종사하는 직종에 맞지 않을 수도 있고, 기업의 입장에서 큰 수익을 내는 분야가 아닐 수도 있습니다.

이처럼 자신은 가치가 없다고 생각하는 능력이라도 그 능력을 필요로 하는 사람이 있고, 그것을 연결할 수 있다면 훌륭한 직업이 됩니다. 그 꿈을 가능하게 해주는 것이 바로 '공유'입니다.

플랫폼상에 의뢰인의 평가와 신뢰가 지속적으로 쌓이면서, 자신이 지닌 능력이 '눈에 보이는 가치'로 전환되고 점점 더 축적되는 것도 공유의 큰 장점입니다.

육아 중에 크라우드웍스에서 일한 실적을 바탕으로 기업에 취직한 경우도 있습니다. 지금까지 '공백 기간'으로 불리던 육아와 간병 기간에도 비어 있는 시간을 활용해 일을 구한다면 경력 단절 없이 어디서나 통용되는 평가와 신뢰를 쌓아갈 수 있죠.

미래가 불투명한 요즘 같은 시대에는 아무리 회사 내의 지위나 평가가 높아도 뜻하지 않은 일로 실직할 수 있습니다. 여러 개의 일자리와 수입원을 가지고 있다는 것은 단순한 용돈벌이를 넘어서 여러분의 중요한 재산이 될 것입니다.

부업 허용 분위기, 한편으로는 과제

2018년에 정부가 '시범취업규칙'을 개정하면서 많은 기업에서 부업을 인정하는 움직임이 일고 있습니다. 부업 금지 규칙이 해제되면서 회사원이 자신의 재능을 활용해 부수입을 얻을 수 있게 되었고, 공유 경제 노동자가 늘어날 가능성이 커졌습니다.

'직장에 다니면서 개인적으로도 뭔가 사회에 도움이 되고 싶다.'거나 '내 이름으로 뭔가를 해보고 싶지만 회사를 그만두고 창업할 정도의 자신감이나 용기는 없다.'

는 사람도 조직에 몸담은 채 자신의 이름으로 활동할 수 있는 것이 공유 경제의 장점입니다.

자신의 물건이나 기술, 재능을 활용할 수 있는 공유 경제를 통해 부업의 첫걸음을 뗄 수 있습니다.

하지만 개인이 '공유'만으로 먹고 살기에는 노동 환경이 아직 미흡한 것이 현실입니다. 프리랜서나 공유 경제 노동자는 노동법으로 보호 받지 못하고 있고, 사회보장도 회사에 근무하는 샐러리맨과 비교하면 충분하지 않습니다.

세계적으로도 이러한 상황에 대해 새로운 제도를 만들자는 논의가 진행 중입니다. 일본 내에서도 환경 정비를 위한 검토회가 생기고 있고요. 사회 안전망의 기반을 마련해 고용에 구애받지 않고 안심하고 일할 수 있는 환경을 만드는 것이 앞으로의 과제입니다.

S H A R E L I F E

공유로 '삶의 방식'이 바뀐다

사람의 자유를 제약하는 것은 '장소'이다

집은 인생에서 가장 중요한 공간이자 생활의 기초가 되는 곳입니다. 하지만 한편으로는 인생에서 새로운 선택을 하려고 할 때 자유를 가로막는 커다란 제약이나 장벽이 되는 것도 '집'이죠.

수십 년의 대출이 남아있는 집을 두고 '내일부터 외국에서 살겠다'는 결단을 내릴 수 있는 사람은 아마 별로 없을 거예요. 집을 소유하게 되면서 활동 거점이 어느 정도 제한되고 홀가분함을 잃게 되는 거죠.

지금까지는 열심히 일해서 내 집 마련을 하는 것이 많은 사람의 일반적인 롤모델이었습니다. 하지만 앞으로는 '장소'라는 제약을 없애고 보다 홀가분하게 자유로운 선택을 할 수 있는 게 더 중요해질 거예요.

집이 하나만 있으란 법은 없잖아요? 앞으로는 전국에, 전 세계에 "다녀왔습니다"라고 말하며 들어갈 수 있는 여러 개의 안식처를 갖는 것이 풍요로운 라이프 스타일로 인식될 겁니다.

'집이 한 채만 있으란 법은 없다'고 해서 여러 채의 집을 소유해야 한다는 뜻이 아닙니다. '집을 공유한다'는 관점으로 바꾸면 가능합니다. 그렇게 함으로써 사람은 더 자유롭게 많은 안식처를 가질 수 있습니다. 또한 자신의 집을 개방해 공유함으로써 자신의 집을 다른 누군가의 안식처로 만들어 줄 수도 있죠.

전국의 모든 이들과 이웃처럼 사귈 수 있고 모든 이들의 집이 내 집인 사회가 실현된다면 어떨까요? 생각만으로도 설레지 않으세요?

전 세계 어디에나 안식처가 있는 나의 삶

저는 태어나서 한 번도 제 집을 소유한 적이 없습니다.

12살 때 부모님이 이혼한 후로는 아버지 집과 어머니 집과 친구 집을 옮겨 다니며 그날 기분에 따라 잠자리를 바꿔가며 살았어요. 사회인이 되고 나서는 도쿄의 셰어 하우스에서 살았고요.

현재는 확장 가족인 Cift의 거점인 시부야 캐스트, 어머니와 공동 소유한 아타미 집, 그리고 Cift가 소유한 시부야 쇼토의 집과 가마쿠라에 있는 집을 오가며 지내고 있습니다.

Cift에서는 '멤버 소유의 집이라면 어디든 묵어도 좋다'는 '전국 확대 가족 거점 지도'도 공유하고 있어요. 각자가 가진 집을 합치면 아마 100채가 넘을 거예요. 그러니까 저는 전국 100군데 이상의 거점을 자유롭게 오가며 생활할 수 있는 것이죠.

일주일 이상 해외에 체류할 때는 코워킹 스페이스가 아니라 코리빙 스페이스(Co-living Space)에서 묵을 곳을 찾습니다. 작년에는 〈ROAM〉을 이용해 발리에서 일주일을 지냈어요. ID 하나만 있으면 세계 각국의 거점에서 '현지인처럼 생활하며 머무를 수 있는' 서비스예요.

다른 누군가와 집을 공동으로 사용하면 한 달 치 월세로 두세 채의 집을 가질 수 있다는 경제적인 장점이 있습니다. 셰어 하우스의 가장 큰 가치 중 하나죠.

어느 장소의 어떤 집이든 '평생' 살 집이 아니라 일시적인 거점으로서 비용을 별로 들이지 않고 부담 없이 살 수 있습니다.

집을 계속 바꿀 수도 있죠. 또한 자신의 집을 셰어 하우스로 임대하거나 Airbnb 등을 통해 숙박 장소로 제공하면 소비의 대상이었던 집이 수익을 창출하기도 합니다. 주거의 선택지도 현격히 넓어지게 됩니다.

무엇보다 좋은 것은 '전 세계 어디를 가든 안식처 같은 곳'이 있으므로 삶에 자유와 안정감을 준다는 점이에요. '설령 내일 도쿄에 지진이 일어나더라도 지방이든 해외든 있을 곳이 있으니 괜찮다'는 심리적 안정감으로 이어지죠. '도시의 소란스러움에 지쳤으니 잠시 교외의 집으로 가서 자연과 접하며 일하자'는 식으로 유연하고 마음 편하게 일할 수도 있어요.

셰어 하우스에서 만들어지는 관계와 커뮤니티

타인과 한 집에 살게 되면 유대관계가 깊어집니다. 집을 중심으로 자연스럽게 가족 같은 집단이 생기고 생활 속에서 서로를 의지하게 되죠.

예전에는 뭔가가 필요하면 당연히 사야한다고 생각했어요. 하지만 셰어 하우스에 살고부터는 '가지고 있는 사람 없을까?', '그 사람한테 부탁하면 해주려나?'라는 생각을 먼저 하게 됩니다. 도움을 받은 뒤에는 그것으로 관계가 끝나는 게 아니라 오히려 깊은 유대감을 갖게 됩니다. 다리미 빌리기나 택배 받기, 감기에 걸렸을 때 죽을 끓여주는 일까지 생활의 대부분이 셰어 하우스 안에서 해결됩니다.

이것은 '무슨 일이 생기면 서로 도울 수 있다'는 안심으로 이어집니다.

요즘에는 집의 위치나 크기가 아니라 취미나 기호 등의 조건에 따라 모여사는 셰어 하우스도 있습니다.

이를테면 '골퍼를 위한 셰어 하우스'에는 공유 공간에 골프를 칠 수 있는 코너가 있고, '크리에이터를 위한 셰어 하우스'에는 스튜디오와 작업장이 함께 마련되어 있죠. '창업가를 위한 셰어 하우스'에는 날마다 투자자가 찾아오고 그곳에서 새로운 작품이나 사업이 탄생하곤 합니다. '싱글맘을 위한 셰어 하우스'는 식사 준비나 아이들 등하교, 육아 등을 서로 도와주거나 상의하기도 합니다.

각자의 라이프 스타일이나 취미에 따라 집을 공유한다면 손쉽게 커뮤니티를 만들 수 있습니다. 보다 알차게 생활할 수 있는 셰어 하우스의 형태가 늘어나는 중입니다.

구독형 '셰어 서비스'

집을 공유한다는 발상은 여러 곳에 거점을 두고 사는 라이프 스타일을 가능케 합니다.

최근에는 '전국 어디서나 무제한 거주'할 수 있는 구독형(Subscription Commerce) 다거점 생활 모델이 등장했습니다. 월 4만 엔이면 전국 어디든 등록된 집을 내

집처럼 편히 이용할 수 있는 'ADDress'(address.love)라는 서비스입니다. '밴 라이프'라고 해서, 밴(대형차)을 개조한 차에서 숙박하며 여기저기 이동하는 모델도 많아지고 있습니다. 밴 라이프 생활을 하는 친구는 '지구상의 모든 곳이 내 집 같은 느낌'이라고 하더군요.

여러 거점을 갖고 사는 라이프 스타일이 조금 더 발전하면 애초에 특정 거점이나 집을 갖지 않겠다는 선택도 가능합니다. 이런 라이프 스타일을 요즘에는 '어드레스 호퍼(address hopper)'라고 부릅니다. 내 집을 갖지 않고 늘 여행하면서 민박, 게스트하우스, 커뮤니티 속의 집 등을 옮겨 다니며 사는 사람들이죠.

제2의 주민 '관계 인구'

집을 공유한다는 발상은 개인적인 차원의 이야기만은 아닙니다. 국가가 안고 있는 문제도 해결할 수 있죠. 현재 일본의 전 지방자치단체는 '과소화' 문제를 겪고 있습니다. 전체적으로 인구 감소를 겪는 상황에서 특정 지역의 인구 증가를 위해 정책을 강구하는 데에는 한계가 있습니다.

그래서 요즘 주목받고 있는 것이 '관계 인구'라는 개념입니다. 관계 인구란 이주해 오는 '정주 인구'도 아니고, 관광하러 오는 '교류 인구'도 아니며, 지역이나 지역민들과 다양하게 관련되는 사람들을 말합니다.

'평일에는 도쿄에 있지만 주말이면 가마이시 시(이와테 현의 소도시)로 돌아온다'는 제2의 주민, 제2의 시민이라는 개념이죠.

완전히 이주하기는 어려워도 관계 인구라는 개념으로 다가서면 좀 더 부담 없이 사람들을 불러들일 수 있기 때문에 마을과 경제가 활성화됩니다. 이미 이런 조치를 취하고 있는 자치단체도 있습니다.

반면에 풀어야 할 과제도 있습니다.

'주민등록은 어디에 등록하고 세금을 내야하는가'라는 거죠. 선거권 문제도 있죠. 가정을 이룬 사람이라면 '자녀의 학교를 어떻게 할 것인가'라는 것도 생각해봐야 합니다. 이런 행정상의 다양한 문제를 어떻게 지혜롭게 풀어 가느냐가 관건이 되리라 봅니다.

하지만 앞으로는 주민등록 지역을 스스로 선택할 수 있게 하거나, 1개월 중 3분의 2 이상 살고 있는 지역에 세금을 납부하게 하거나, 복수의 공립학교에 다닐 수 있게 하는 등 융통성 있게 제도가 정비될거라 생각합니다.

실제로 도쿠시마 현에서는 지방과 도시의 2개 학교를 쉽게 오갈 수 있도록 제도를 만들었습니다. 양쪽에서 의무 교육을 받을 수 있도록 한 거죠. 복수의 지역에서 아이를 키우면 아이들은 다른 환경에서 다양한 가치관을 접하고 다각적인 사고력을 키울 수 있습니다.

이런 제도 마련이 각 지역을 활성화시킬 것으로 기대합니다.

S H A R E L I F E

‘공유’를 만나면 ‘여행 스타일’이 바뀐다

현지에서 ‘생활하듯’ 여행하다

저는 2012년경부터 여행할 때 다양한 공유 플랫폼을 활용하고 있습니다.

이전에는 호텔을 이용했지만 지금은 ‘Airbnb’를 통해 현지인의 집을 이용하죠. 브라질에 갔을 때 리오에 살고 있는 커플의 집에서 묵었고, 뉴욕에서는 일주일 동안 8명의 친구들과 함께 큰 저택을 빌려 사용했습니다.

식사할 때도 이전에는 가이드북에 실린 레스토랑에 갔다면, 이제는 ‘밀 셰어’라고 해서 현지인 집에 찾아가 직접 만든 음식을 대접받는 서비스를 이용합니다.

집에서 요리 교실을 열고 싶은 일반인과 배우고 싶어 하는 사람을 이어주는 공유 서비스도 있습니다. 저도 뉴욕으로 여행 갔을 때, 이스라엘 요리 레슨을 받고 함께 식사를 만들어 먹은 적이 있어요.

이동 수단으로는 공유 자전거나 공유 차량을 이용합니다. 예전에는 지하철이나 전철 같은 대중교통이나 택시를 이용할 수밖에 없었지만, 지금은 스마트폰 하나로 다양한 이동 수단을 확보할 수 있게 됐어요. 여행의 즐거움이 한층 늘었죠.

공유 자전거로는 현지의 좁은 길과 골목을 탐험하고 다닙니다. Uber 운전자와는 이야기를 나누다가 친구가 되는 경우도 많았죠. 제가 만난 사람들 중에는 본업으로 다른 일을 하는 경우도 많았는데 DJ나 화가 지망생도 있었습니다.

공유를 통해 여행 스타일이 바뀌면서 제게는 여행의 개념이 크게 달라졌습니다. **현지인들과의 만남이 늘고, 직접 관계를 맺으면서 마치 그 나라에 사는 듯한 느낌을 받았어요. '현지에서 생활하듯 여행하는' 스타일로 바뀐 것입**

니다. 무엇보다 전 세계에 많은 친구가 생겼습니다. 그 친구들과의 관계 속에서 비즈니스가 생기기도 하죠. 그들이 일본에 올 기회가 있을 때는 저희 집으로 초대하기도 합니다.

여행지에서 깊은 유대관계를 만들어 두면 '혹시 내일 일본에 무슨 일이 생긴대도 전 세계에 도움을 청할 수 있다'는 안도감이 생깁니다.

가이드북으로는 얻을 수 없는 여행

여행에서 가장 기쁜 일, 그것은 그 곳에서만 가능한 새로운 만남이나 미지의 경험을 얻는 게 아닐까요?

현지 주민과 여행자가 직접 연결되는 공유 시스템을 통하면 가이드북이나 인터넷 검색으로는 얻을 수 없는 경험을 할 수 있습니다. 현지인들이 주로 가는 식당에 함께 가거나 숨은 명소에서 같이 놀기도 하죠.

숙소나 식사를 제공해 주는 사람은 이미 친구입니다. '여행자와 가게 주인'이 아니라 '사람과 사람'으로서의 관계가 생기는 거죠.

커뮤니케이션에 자신이 없는 사람은 그런 새로운 관계를 만드는 게 어렵게 느껴질 수도 있습니다.

하지만 여행지에서 호텔에 묵거나 레스토랑에 가던 소비 방식을 '공유' 서비스 이용으로 바꾼다면 누구든 손쉽게 관계를 만들 수 있어요.

확산되는 공유와 관광 스타일

일본에도 관광에 공유 시스템이 도입되면서 다양한 가능성이 생기고 있습니다.

이를테면 일본의 문화유산이나 잠자고 있던 지역 자원을 활용해 여행자에게 좀 더 매력적인 관광지를 만드는 것이죠.

일본에서는 '2020년 방일 외국인 4,000만 명'이라는 목표를 내걸고 있는데, 최근 여행자 수가 역대 최고치를 경신하고 있습니다. 하지만 그 대다수가 도쿄 · 오사카 · 홋카이도 같은 일부 도시에 집중되어 있고 지방에는 관광객이 유입되지 않는다는 게 문제입니다.

고택에서 하룻밤을 묵는 민박이나, 농가에서 키리탄포(밥을 반 정도 으깨어 꼬치에 끼워 구운 향토 음식) 만들기 체험 같은 현지의 문화와 전통 풍습을 경험하도록 한다면 외국인 여행자에게는 큰 매력이 될 거라 생각합니다.

최근에는 자신의 삶을 그대로 체험형 액티비티로 제공하는 사람과 누군가의 생활을 체험하고 싶어 하는 여행자를 이어주는 'Tabica'(tabica.jp)라는 서비스가 인기를 끌고 있어요.

대형 항공사인 ANA는 다양한 공유 서비스 업체와 연계해 자동차와 숙박, 관광 콘텐츠 등을 현지에서 조달해주는 '맨몸으로 여행하기'라는 새로운 여행 방식도 제안하고 있습니다.

자신에게는 평범한 일이 누군가에게는 특별한 체험이 될 수도 있어요. **개인과 개인을 이어주는 공유 시스템이기에 가능한 이런 관광 스타일이 지역사회에 큰 도움이 되리라 생각합니다.** 이를 위한 정부의 조치도 뒤따르고 있습니다.

원래는 유상으로 외국어 가이드를 하려면 '통역 안내

사' 자격이 필요했는데, 2018년에 법이 개정되어 이제는 자격이 없어도 유상으로 가이드를 할 수 있게 되었습니다. 지방 자치단체의 공공시설을 관광 거점으로 만들어 적극적으로 개방하려는 움직임도 일어나고 있습니다.

이런 조치가 추진된다면 지방에 새로운 활력을 가져오고 일본 특유의 관광을 더욱 활성화할 수 있을 거라 생각합니다.

S H A R E L I F E

공유를 통해 '100세 시대'를 준비하다

노후에 돈보다 더 필요한 것은 '관계'

100세 시대라 일컫는 지금, 평균 수명이 늘어나는 만큼 노후에 대한 위험과 불안도 커지고 있어요.

"앞으로 연금을 못 받을 수도 있다 하니 노후를 어떻게 살아갈지 상상이 안 된다.", "노후 저축이 수억 원 있다 해도 그걸로 충분할지 모르겠다.", "애초에 돈으로 모든 불안을 해결할 수 있을까?"라고 생각하는 분들도 많은 듯합니다.

'무연사회'로 불리는 1인 가구가 증가하고 사람과 사

람의 관계가 희박해진 일본 사회는 노후의 고독과 고립의 문제도 뿌리가 깊습니다. 도심 아파트에 혼자 사는 독거노인의 수는 계속 늘어나 연간 3만 명에 달한다고 합니다. 관계를 상실한 채 돌봐주는 이 하나 없이 세상을 떠나는 '고독사' 문제도 심각하지요.

이렇게 증폭되는 불안감 속에서 노후에도 안심하고 생활하기 위해 필요한 것은 '관계'가 아닐까요?

어려울 때 손 내밀어 줄 사람이 있다는 것, 삶의 보람을 느낄 수 있는 커뮤니티가 여러 개 있다는 것이 정말 중요합니다.

노후를 위해 저축해야 할 것은 '돈'이 아니라 '관계'입니다. 지금까지 우리는 집이나 보험처럼 돈으로 안심을 샀지만, 이제부터는 '관계를 통해 안심을 사는' 시대가 될 것입니다.

고립된 노년층을 이어주는 공유 플랫폼

노년층의 희박해진 유대관계는 공유로 해결할 수 있습

니다.

그 이유로는 첫째, 공유를 통해 커뮤니티와 관계를 재생할 수 있고, 둘째, 공유 서비스를 통해 삶의 보람을 느낄 수 있는 일이나 활동의 기회를 만들 수 있기 때문입니다.

고령자가 혼자 살게 되는 이유는 다양합니다. 배우자가 먼저 세상을 떠났거나 자식이 없어서, 또는 그 밖의 다양한 이유가 있을 수 있죠. 최근에는 그런 고령자에게 특화된 셰어 하우스나 여러 세대가 함께 사는 셰어 하우스도 생기고 있습니다.

일본에서는 홀로 노후를 보내던 시니어 여성 7명이 확장된 가족의 형태로 함께 사는 모습이 NHK 특집으로 방송되었습니다. 미국에서는 룸메이트를 찾는 시니어들을 연결해주거나, 아이를 키우는 가족과 방이 남아도는 고령자의 동거를 매칭하는 서비스도 생기고 있죠.

노년층의 새로운 일자리 기회도 생겨나고 있습니다.

지금까지는 정년퇴직 후에 일할 기회가 제한적이었지만 공유 플랫폼이 등장하면서 시니어 세대도 자신이 하고 싶은 일이나 보람있는 일을 접할 기회가 많아졌습니다. 80세 할머니가 Airbnb로 숙소를 제공하거나, 대기업에서 엔지니어로 일하던 남성이 정년퇴직 후 크라우드웍스에서 앱 제작 일을 맡기도 합니다. 소유한 물건이나 그동안 쌓아온 경험과 기술을 제공하고 수입을 얻는 것이죠.

크라우드웍스에서 시니어들을 대상으로 이용 동향을 조사한 결과 '크라우드웍스를 사용하는 이유'로 65%의 응답자가 '보람'이나 '자기 성장'이라고 답했습니다. **공유를 통해 자신의 경험이나 기술을 누군가를 위해 제공할 수 있는 기회가 늘어나고, 보람 있는 일을 찾을 수 있습니다. 자연스럽게 사회와도 연결되죠.**

간병도 공유로 해결할 수 있다

간병이 필요한 시기는 갑작스레 찾아옵니다. 한창 일해야 하는 시기이거나 육아로 힘든 시기에도 닥칠 수 있죠. 많은 사람이 가족의 간병 문제를 안고 있습니다. 사회가 고령화되면서 간병 인력이나 시설의 부족으로 인한 간병 난민이 증가하고 있습니다. 이와 같은 간병 문제는 앞으로 더 심각해지리라 생각합니다.

간병 현장에서는 한 사람의 요양보호사가 담당하는 역할이 매우 많습니다. 그런데다 요양보호사 자격이 필요하지 않은 부분까지 도맡아 해야 하는 경우가 많아 힘들어서 일을 그만두는 사람이 많다고 들었습니다.

이런 상황을 해결하기 위해서는 자격을 가진 사람이 반드시 담당해야 할 역할이 무엇인지 구분해 생각하는 게 중요합니다. 그 때 도움되는 것이 공유의 발상이죠.

이를테면 쇼핑은 공유 경제 노동자가 대행한다거나, 대화 상대도 공유를 통해 유대 관계를 가진 사람 중에서 찾는 거예요. 정말 자격이 필요한 부분과 그렇지 않은 부분을 분리해 환자를 돌본다면 지금의 간병 인력 부족 문제를 해결할 수 있다고 생각합니다.

실제로 'CrowdCare'(www.crowdcare.jp)라는 공유 서비스가 있습니다.

요양 등급을 받지 못한 분이나 병원 동반 및 외출 시 보호처럼 보험 적용이 되지 않는 도움을 원하는 고령자를 헬퍼와 이어주는 서비스입니다. 간병뿐 아니라 가사 도움, 애완동물 돌봄, 쇼핑 대행 등의 생활 지원 서비스도 하고 있습니다. 이용 비율은 '돌봄·대화 상대'가 38%로 가장 많고 '청소·정리'가 19%, '쇼핑 대행'이 13% 순입니다.

필요한 케어를 구분해 분담함으로써 풀타임으로 일하는 요양보호사의 부담을 덜 수 있고, 이용자의 요구에도 부응할 수 있어 기대를 모으고 있습니다.

그 밖에도 보육판 Uber라고 불리는 '나데시코 너스'(nadeshikonurse.jp)라는 공유 서비스도 있습니다. 간호사 자격증이 있지만 시간적 제약 때문에 일하지 못하는 사람과 간호사가 부족한 의료 현장을 직접 매칭하는 역할을 하죠. 단발성이나 비상근 등의 조건에 특화하여 전직 간호사의 시간을 공유하는 서비스입니다.

이런 서비스는 서로에게 큰 도움이 되는 아주 유용한 방식이라고 생각해요.

하지만 서비스만 활용할 게 아니라 '관계'를 통해서도 간호를 좀 더 공유할 수 있지 않을까요?

제가 사는 Cift에서는 멤버의 부모님께 돌봄이 필요해지면 교대로 밥을 해서 부모님 댁까지 배달해드립니다. 커뮤니티 내에 상부상조의 네트워크가 있으므로 나중에 제 부모님께 도움이 필요해지면 제가 했던 것처럼 모두가 도와줄 것이란 생각에 마음이 든든합니다.

커뮤니티나 관계를 통해서도 서로 도울 수 있는 환경을 더 많이 만들 수 있지 않을까 생각합니다.

S H A R E   L I F E

공유를 통해
가족과 육아의 개념을 바꾸다

육아 문제로 고민하는 도시의 맞벌이 부부

현대 일본 사회에서 아이를 키운다는 건 아주 힘든 일입니다.

'대가족'에서 '핵가족'이 되고, 1인 가구가 늘어나고, 여성의 사회 진출이 늘어 '맞벌이 부부'로 아이를 키우는 건 이제 당연한 일이 되었습니다. 싱글맘 같은 한 부모 가정도 연간 140만 가구가 넘을 정도로 계속 늘고 있습니다.

작년 3월에 열린 〈시부야 어린이 동반 100인 회의〉에서 참가자 70여 명에게 확인한 결과, 3대가 함께 사는 사람은 단 2명에 불과하더군요.

인구가 밀집된 도시에 살지만 주변에 의지할 사람이 없는 거죠. **관계가 희박해진 도시 속에서 '막연한 고독과 불안'을 안고 사는 사람들이 얼마나 많을까요?**

방 2개짜리 아파트에서 맞벌이 부부가 아이 하나 키우기도 힘든 세상입니다. 근처에 할머니 할아버지나 친척도 없고 이웃과의 친밀한 교제도 없기 때문에 가정 밖에서 도움을 청할 곳이 없습니다.

집에서 가까운 어린이집은 만원이라 차례를 기다려야하죠. 그렇게 되면 쉽사리 직장으로 복귀할 수 없습니다. 아니면 1회에 만 엔 정도 드는 베이비시터에게 맡기는 수밖에 없죠. 이벤트나 강연을 다니면서 워킹맘들의 이런 고민을 많이 들었습니다.

공유 경제 전도사로서 활동하면서 지방에 가는 경우도 많은데, '도시뿐만 아니라 지방에서도 육아 문제가 심각하다'는 것을 알게 되었어요.

큰 맘 먹고 도시에서 지방으로 이주했지만 지역 커뮤니티에 들어가지 못하거나, 세대 간에 단절이 생기기도 합니다. IT를 이용하거나 베이비시터에게 아이를 맡기는 것을 윗세대 분들이 좋게 생각하지 않는다는 얘기도 들었어요. 지방의 친밀한 커뮤니티 속에서 아이를 키우고 싶어 이사했는데, 부모도 아이도 오히려 고립되어 버리는 상황이 전국적으로 일어나고 있는 것 같습니다.

물리적인 문제만 있는 게 아닙니다. 공공장소에서 아이가 울면 차가운 시선을 느껴야 하는 등 사회 전체적으로 '아이를 키우는 것에 대한 심리적 안전'이 없는 것도 큰 문제라고 생각합니다.

커뮤니티 전체가 함께 육아를 담당한다면?

이런 폐쇄적인 육아 환경을 해결할 수 있는 유일한 방법은 **'육아를 공유하는 것'**입니다.

원래 '아이는 사회가 함께 키우는 것'이란 걸 잊지 말아 주세요.

'집과 밖'이라는 자타 분리된 경계선을 없애고 아이는 사회 전체가 키워야한다는 생각을 개개인이 업데이트해 가는 것. 거기에 육아 문제를 해결하는 열쇠가 있다고 생각합니다.

저는 현재 독신이지만 앞서 언급했듯이 확장 가족 Cift 안에서 육아에 관여하고 있습니다.

Cift에는 0세부터 초등학생까지의 아이들이 있는데, 저도 육아에 관여하기 전과 후에 심리적으로 큰 변화가 생겼어요. 아기의 탄생을 지켜보고 아이들과 접촉하면서 '진짜 혈연으로 이어진 내 아이는 아니지만 내 자식처럼 느껴지는' 심리적 확장을 경험했어요.

아이가 어려움에 처해 있으면 도와주고 싶고, 기뻐할 때는 나도 기쁘고, 장래에 가고 싶은 길이 생긴다면 뭐든 도와주고 싶다……. 이런 마음은 실제 육아에 관여하기 전까지는 전혀 상상도 할 수 없었던 일입니다.

커뮤니티 안에서 '우리 아이'로 키우면서 구성원 각자가 성장을 경험하는 거죠. 표면적인 수준이 아닌 그 이상의 '육아를 공유'할 수 있다는 게 굉장히 즐겁습니다.

Cift 멤버 중에는 커밍아웃한 게이 남성도 있습니다. 그가 매우 인상적인 말을 하더군요.

"지금의 일본에서는 '결혼'도 '육아'도 내가 선택할 수 있는 게 아니었어. 하지만 여기서 육아의 일부분을 담당하고 한 가족으로서 아이의 성장을 함께 지켜보는 경험을 하면서 나도 육아를 할 수 있다는 걸 알았어. 일본은 아이를 키우는 사람에게 친절하지 않은 환경이라는 것도 알게 됐어. 이런 식의 육아와 가족의 형태가 있다는 게 나로선 고마운 일이야."

어쩌면 저희 할머니가 말했던 '과거의 공동주택식 커뮤니티'란 이런 게 아니었을까요?

다양한 예를 들었지만, 가장 중요한 문제는 우리 모두가 '아이는 사회가 함께 키우는 것'이라고 생각하는가 하는 거예요.

"아이가 어릴 때는 울음소리 때문에 민폐를 끼치게 되니까 데리고 다닐 때도 눈치가 보였어요.", "출퇴근 시간의 만원 전철은 너무 위험해서 아이를 태울 수 없어요."…… 이런 소리를 실제로 주변에서 듣곤 합니다. 이런 일이 생기는 건 개개인이 '자타분리'적인 발상을 가진 사회이기 때문이에요.

정부는 아이를 낳아 기르라고 권장하지만 어린이집 입학을 기다리는 '대기 아동' 문제나 '독박 육아'의 문제가 좀처럼 해결되지 않고 있어요. 이 문제도 '나와 타인'을 분리해서 생각하는 발상과 그에 대한 사회의 동조 압력이 강하게 깔려 있기 때문이라고 생각합니다.

육아 고민은 '공유'로 해결

육아를 공유하기 위해 다양한 서비스와 노력도 이루어지고 있습니다.

예컨대 'AsMama'(asmama.jp)라는 공유 서비스에서는 아는 엄마들끼리 앱에서 커뮤니티를 만들어 육아를 공유합니다. 앱을 통해 '오늘 17시부터 19시까지만 잠시 봐 달라'는 요청이 올라오면 '그 시간이면 맡아줄 수 있다'는 멤버와 매칭을 시켜주는 거죠.

비영리 서비스지만 이용자들 사이에는 '감사의 500엔'이라는 사례금 규정이 있습니다. 부탁만 하려니 미안해서 머뭇거리던 마음이 사라지고 부담 없이 부탁하게 됩니다.

유대 관계를 가진 이웃 엄마들 간의 상부상조는 예전

부터 있었을지도 모릅니다. **하지만 테크놀로지를 통해 그런 느슨한 유대 관계가 가시화되고 보다 많은 사람과 부담 없이 커뮤니케이션을 할 수 있게 된 것은 혁신이라 생각해요.** 사라져가던 지연 커뮤니티를 보다 광범위하게 재현하고 구축할 수 있게 된 것이죠.

시부야 구 에비스에서는 한 달에 2번 아이와 부모를 위한 '에비스 지역 식당'이 열립니다. 도심지에 거주하는 가정은 외동아이나 워킹맘이 많고, 이웃과의 교제도 드문 경우가 많습니다. 그래서 '지역의 이웃과 교제하자'는 콘셉트로 식당이 운영되고 있습니다. 밥값에 약간의 체험 학습 참가비를 더해 회당 500엔이라는 합리적인 가격이 설정되어 있어요.

에비스 이외의 지역에서도 사람들이 찾아온다고 합니다. 다 같이 채소를 수확하고, 그 채소로 요리를 하거나, 라쿠고 공연을 하는 등 지역 안에서 함께 밥을 먹고 함께 배우는 경험을 통해 아이들끼리는 물론이고 부모들도 관계를 만들어 간다고 합니다.

시나가와에 위치한 셰어&게스트 하우스 'Miraie'는 국내외에서 다양한 사람들이 찾아와 워크숍이나 이벤트를 하느라 늘 왁자지껄합니다.

주인 부부의 외동딸 에리는 7살인데, 일주일에 1번밖에 학교에 가지 않습니다. 학교 대신 집에서 교육 받는 '홈스쿨링'으로 재택 학습을 하고 대안 학교에 다닙니다. 에리는 집에 찾아오는 수많은 사람으로부터 외국어나 예술 등 여러 가지를 자연스럽게 흡수합니다.

'세계 어린이 서밋'에서 영어 연설을 하고 그림이나 음악을 자작하는 창의적이고 예술적인 아이로 자라고 있죠.

에리를 보면 교육 방식 하나에도 다양한 방법이 있다는 걸 깨닫게 됩니다. 지구상의 모든 것이 교육 자원인 것 같아요. 학교를 통해 배우는 교과서 지식 외에도 살아가는 지혜나 교양 등 배워야 할 게 많으니까요.

학교 선생님 이외에도 가족이나 이웃, 우연히 알게 된 사람, 다양한 사람으로부터 지식과 경험을 얻고 실제 체험을 통해서도 배우는 것. 이것이야말로 교육의 본질이 아닐까요?

어린이집 대기 아동 문제가 심각한 도쿄 도에서는 시부야 구 요요기에 '관계 공유 어린이집'을 만들었습니다. 셰어 하우스와 어린이집과 민박 시설이 합쳐진 시설로, 입주자와 직원과 체류자가 함께 아이들을 돌보고 있어요.

이런 형태 자체도 재미있지만 더 대단한 것은 설립을 위한 자금을 클라우드 펀딩으로 모았다는 점입니다. 11일간 모은 금액이 무려 1억 7천만 엔. 평범한 개인이라면 대출도 받기 어려운 금액이었을 거예요. 하지만 육아 공유를 원하는 개개인의 힘이 모였기에 가능한 일이었죠.

테크놀로지나 플랫폼을 통해 서로 돕는 육아 방식이 새롭게 생겨나고 지역의 모습도 새로워지고 있습니다. 함께 아이를 키우는 커뮤니티와 네트워크도 점점 더 많아지고 있어요.

전통적인 가족관을 다시 생각하다

현재 일본이 가족이나 육아에 대해 당연하게 여기던 기존의 가치관을 이제는 재고해야 할 때가 아닌가 생각합니다.

‘아이는 반드시 부모가 키워야 한다’거나 ‘가정 안에서 키워야 한다’는 폐쇄적인 발상에서 벗어나 ‘아이는 사회 안에서 함께 키우는 것’으로 발상의 전환이 필요합니다. 그럴 때 육아는 더 즐거워지고 힘들거나 어려운 일이 줄어듭니다.

안심하고 아이를 낳아 기를 수 있는 사회로 변하는 거죠. 그것은 확실히 우리의 미래와도 연결된 문제입니다.

가족의 형태나 공생의 형태는 좀 더 다양해도 좋다고 저는 믿고 있습니다.

Cift의 콘셉트인 ‘의식으로 맺어진 확장 가족’은 제가 줄곧 찾고 있던 가족의 모습을 실험하고 구현하여 그 범위를 넓혀갈 수 있었던 도전이었어요.

피 한 방울 섞이지 않은 가족과 부대끼는 생활 속에서 타인을 사랑스럽게 여기는 감정, 자신의 약점을 드러내고 마음을 여는 용기, 타인을 생각하며 무언가 해주고 싶어 하는 마음이 많이 생겼습니다.

‘타인의 일을 내 일처럼 받아들이고 싶다’는 자기 변용과 마음의 확장을 느끼는 나날이었죠.

결국 가족이란 혈연관계나 사회적인 틀이 아니라 '감정의 확장'으로 이해해야 하는 게 아닐까요?

'가족'의 형태에 정답은 없습니다. 중요한 것은 자신을 감추지 않고 어디까지 오픈할 수 있는가, 어느 정도까지 타인의 일을 자기 일처럼 받아들일 수 있는가 하는 거예요. 각자가 자신과 마주하고 자신을 확장해 나갈 때 새로운 가족의 모습이 탄생하는 게 아닐까요?

역사적으로 보면 가족은 지금과 같은 혈연에 바탕을 둔 것은 아니라고 합니다. 종교가 중심이던 시대에는 종교를 중심으로 가족이 형성되었어요. 그리고 국민국가가 탄생한 19세기에는 이데올로기에 입각하여 서로를 가족이라고 불렀죠. 즉 가족이란 '자신이 믿고 싶은 대상과 그것에 공감하는 타인과의 결속'이 아닐까 생각합니다.

가족은 누구에게나 중요합니다. 하지만 '가족'이라는 사회적 고정관념이 때로는 개인을 괴롭히고 자유를 막는 제약이 될 수도 있는 것 같아요.

그러므로 우리 개개인이 가족의 형태를 다시 정의내릴 수 있다면 사회가 좀 더 풍요로워지지 않을까요? 가족이라는 개념을 확장한다면 더욱 평화로운 사회를 만들 수 있지 않을까요? 만원 전철에서 어려움을 겪는 엄마와 아이에게, 모든 걸 스스로 해결하지 않으면 안 된다는 생각에 피폐해진 맞벌이 가족에게, 외로워서 죽음을 생각하는 사람에게 우리가 조금만 손을 내밀어준다면 다 함께 할 수 있지 않을까, 그렇게 믿고 있어요.

SHARE LIFE

공유를 통해 '학습'이 바뀐다

100세 시대의 '학습'

100세 인생을 준비해야하는 요즘, 어른이 된 후에도 평생 학습을 많이 이야기 합니다. 여기서 '학습'이란 학교 교육을 통해 배우는 것은 물론이고 '살아가는 지혜'나 '교양'까지 포함하는 것입니다.

그러나 지금의 일본에서는 '무엇을 배웠는가' 보다 학력으로 대표되는 '뭔가를 배웠다는 사실의 증명'만이 중시되고 있습니다.

'학력이나 자격증이 없으면 취업이 안 된다. 서류전형

에서 떨어진다'는 것도 상식이 되어버렸습니다. '무엇을 배우고 무엇을 익혔는가'라는 부분은 경시되고 있습니다.

'무엇을 배워야 하는가'에 대한 정답은 없습니다. 그러므로 다양한 학습의 기회가 모든 사람에게 열려 있어야합니다.

이런 상황 속에서 '공유'는 '학습'의 개념을 크게 바꿀 수 있으리라 생각합니다.

'누구나 선생님이고 누구나 학생'이 되는 새로운 학습의 형태

공유가 제시하는 것은 '누구나 선생님이고 누구나 학생'이라는 새로운 학습의 형태입니다.

선생님이 학생을 일방적으로 가르치는 것이 아니라 누구나 선생님이 되어 자신의 지식이나 기술을 가르치고 동시에 학생이 되어 배울 수도 있습니다.

공유 경제에 관한 것은 물론이고, 일이나 직급에 상관없이 영어회화 또는 계란말이 만드는 법도 가르칠 수 있어요. 살아가는 지혜나 취미의 연장 등 개인이 가르칠 수 있는 게 사실 무수히 많습니다.

다만, 지금까지는 '가르칠 수 있는 사람'과 '배우고 싶은 사람'을 매칭해 주는 방법이 별로 없었습니다. 그러다 공유 플랫폼이 발전하면서 개인과 개인이 직접 연결되고, 장소와 시간에 관계없이 전 세계적으로 수요와 공급을 매칭할 수 있게 된 거죠. 이렇게 '서로 가르치고 서로 배우는' 세계관은 점점 더 확산될 거라 생각합니다.

플랫폼이 학습의 장벽을 낮춘다

'시부야 대학'이라는 비영리 단체는 '가르침과 학습을 자유롭게 오갈 수 있는' 새로운 시스템을 선보이고 있습니다.

수업료는 무료. 시부야 거리를 캠퍼스 삼아 외국인이 자기 나라의 문화나 언어를 알려주기도 하고 천체 관측을 좋아하는 사람이 망원경 보는 법을 알려주기도 합니다. 서로가 가지고 있는 지식이나 경험을 즐겁게 공유

함으로써 그 자체가 다른 사람에게는 학습의 기회가 되는 것이죠.

온라인 기반에서도 이런 움직임이 확산되고 있습니다. ‘스트리트 아카데미’라는 웹 서비스는 ‘강사와 학생을 맺어주는 학습 마켓’을 콘셉트로 합니다. 자격 유무에 관계없이 자신의 교실을 열 수 있죠. 이를 통해 정식 스쿨이나 전문적인 교육의 형태는 아니지만 자신이 잘 하는 분야를 부담 없이 공유할 수 있습니다.

그동안 국가나 기업에서 제공해온 ‘교육’이 플랫폼을 통해 점점 민주화되는 것 같아요.

성인의 경우 한정된 시간과 돈으로 ‘무엇을 배워야 하는지, 무엇을 배우고 싶은지’ 스스로도 잘 모르는 경향이 있습니다. ‘주변 사람들이 다니고 있고, 막연히 필요할 것 같아서 연간 50만 엔을 내고 대형 영어회화 학원에 다닌다’는 식이죠.

이처럼 비용이 꽤 들거나, 배우고 싶은 것을 가르치는 곳이 없다거나 하는 장벽이 상당히 있습니다. 현재 성인들의 학습 기회는 이런 상태로 한정되어 있는 게 현실입니다.

하지만 공유 플랫폼이 정비되면서 누구나 가르칠 수 있고 동시에 저렴한 비용으로 누군가에게 배울 수 있게 되었습니다. 그리고 "도예가 이렇게 즐거운 것이구나.", "영어 회화가 필요하다고 생각했는데, 프랑스어가 더 재미있는걸."하는 식으로 자신의 흥미와 관심도 점섬 넓어지죠. 언젠가는 그 분야에서 가르치는 쪽에 서게 될 수도 있습니다.

누구나 '가르치는 사람'이 될 수 있다

공유를 통해 누구나 '가르치는 사람'이 되는 세상이 올 거예요.

가르치는 편에 서면 자신이 다른 사람에게 제공할 수 있는 '가치'를 새삼 깨닫게 됩니다. 앞에서도 언급했듯이 하나의 회사, 하나의 환경 속에서 간과되어 왔던 각각의 가치가 공유를 통해 점점 누군가에게 도움이 되고 돈이 되는 변화가 일어나고 있습니다.

그것은 전업주부나 정년퇴직한 노년층의 사회 참여

로도 이어지고 있죠. 그리고 지금까지 '교실을 열 정도로 대단하지 않다'는 이유로 개인 안에 갇혀 있던 기술과 재능이 점차 세상에 나오고 있습니다. 학습이 해방되고 기존의 교육 커리큘럼에 없던 분야가 많이 나오게 될 것이라 생각합니다.

학습의 선택지가 넓어지는 것은 성인에게만 국한된 이야기가 아닙니다. 아이에게도 좀 더 풍요로운 학습의 기회가 제공될 거예요.

'공유하는 육아'에서 언급한 새로운 교육 형태인 '홈스쿨링'이나 가도카와(일본의 미디어 그룹)가 운영하는 'N고등학교'처럼 사이버학교라면 통학을 하지 않아도 됩니다. 이처럼 선택지는 점점 늘어나고 있습니다.

'모든 사람이 선생님이고 모든 것이 교재이며 모든 사람이 학생'이라는 새로운 교육의 형태라면 학습의 기회는 점점 더 많아질 것이라 확신합니다.

3장 Point

- 공유를 통해 원하는 일을, 원하는 시간에, 원하는 장소에서, 원하는 만큼 할 수 있다.
- 공유를 통해 전 세계에 "다녀왔습니다."라고 말할 수 있는 집이 생긴다.
- 공유를 통해 현지에서 생활하듯 여행할 수 있다.
- 공유를 통해 자녀 양육과 노후가 더 편해진다.
- 공유를 통해 누구나 '선생님'이자 '학생'이 될 수 있다.

SHARE
LIFE

Chapter 4

Save the Society through Sharing

제4장

'관계'가 사회를 바꿀 수 있을까?

앞장에서 일, 삶, 여행, 노후, 육아, 교육 등 개인의 생활이 '관계'를 축으로 크게 변하고 있다고 이야기했습니다. '공유'가 개인의 삶에 큰 변화를 가져오고 있는 것이죠. 사회의 관점에서 '공유'는 어떤 변화를 가져올까요? 4장에서는 공유가 가져올 사회의 변화에 대해 이야기하려고 합니다.

현대 사회가 직면한 과제

현재 우리 사회는 이전에 경험하지 못한 '정답 없는 시대'에 직면해 있습니다.

지금까지 사회에는 목표로 해야 할 모델이 있었습니다. 전쟁 전후의 아무것도 없던 시대에서 풍요의 시대로 사회 전체가 급속히 발전했고, 지구 자원을 무한히 사용할 수 있다는 대전제 하에 경제도 순탄하게 성장했죠. 그렇게 생겨난 풍부한 재원으로 '요람에서 무덤까지' 연금을 비롯한 사회 보장 제도를 제공함으로써 사회 전체가 행복해진다고 여겨왔습니다.

하지만 오늘날 일본은 이런 기본 전제를 상실하였습

니다. 경제 성장의 정체, 인구 감소, 저출산 고령화와 같은 문제에서 사회 제도는 유연하게 형태를 바꾸지 못하고 경직되어 있습니다.

지역 사회는 빚이 눈덩이처럼 쌓이며 쇠퇴하고 있고 사회 보장 유지에 많은 돈을 쓰고 있습니다.

이런 상황을 우리 사회는 언제까지 감내할 수 있을까요?

저는 2017년 정부로부터 공유 경제를 통해 지역 문제를 해결하는 '내각관방 공유 경제 전도사'로 임명되어 활동하고 있습니다. 매달 전국 여러 지역을 다니면서 지자체와 지역 단체가 정책이나 사업에 공유 경제를 도입할 수 있도록 조언합니다.

또한 세계 각국을 시찰하면서 공유를 통해 사회 문제에 대처하는 다양한 나라와 도시의 사례를 직접 확인하였습니다. **그런 과정 속에서 지금 우리 사회가 직면하고 있는 대부분의 문제는 '공유'라는 개념을 도입함으로써 해결할 수 있다는 확신을 갖게 되었죠.**

개인, 기업, 지역, 국가가 공유의 당사자가 되어 과거의 유대관계를 회복함으로써 사회에 '공조(共助)' 시스템을 재구축할 것. 각자가 가지고 있는 물건이나 장소, 시간, 경험을 사회 전체가 공유할 수 있도록 바꿀 것. 그렇게 함으로써 새로운 제품을 만들지 않아도, 한정된 자원이나 돈에 의지하지 않아도 안심하고 살 수 있는 사회가 된다고 생각합니다.

일본에는 예로부터 서로 돕고 나누는 전통문화가 있었습니다. 문화적으로는 공유 경제와 잘 맞는 거죠. 일본은 세계적으로 선례가 없는 여러 가지 숙제를 떠안고 있는 나라이니만큼 더욱 더 개인과 개인이 관계 속에서 '공조(共助)' 시스템을 만들어야 합니다. 이러한 일련의 과정을 통해 새로운 지속가능한 사회 모델을 세계에 제시할 수 있을 것입니다.

공적 원조(公助)·자조·공조(共助): 잃어버린 공적 원조 기능과 공조의 한계

지금까지 사회는 '공적 원조, 자조, 공조'의 3가지 기능으로 유지되어 왔습니다. 스스로 자신의 삶을 지키는 것이 '자조', 국가 및 지자체 등의 공적 기관이 교통과 같은 행정 서비스를 제공해 개인과 지역을 지키는 것이 '공적 원조', 그리고 지역 커뮤니티 및 공동체의 관계를 통해 서로 돕는 것이 '공조'입니다.

그런데 요즘 '공조(共助)'의 기능이 사라져가고 있습니다.

무연사회나 고독사 문제 등으로도 알 수 있듯이 지방의 인구 유출과 지역 커뮤니티의 고령화, 도심을 중심으로 한 1인 가구의 증가 등으로 커뮤니티와 관계가 단절되고 있습니다. 과거에 공조 기능을 맡았던 자치회나 반상회, 지역 활동 등도 도심을 중심으로 점차 사라지고 있습니다.

저도 사회 활동을 하면서부터 도쿄에 살기 시작했는데, 반상회를 어디서 하는지 알 수 없었고 이웃과 관계를 맺는 데도 용기가 필요하더군요.

지진이 일어나도 옆집에 누가 사는지 모르니 아마 서로 돕지도 못했을 거예요. 그런 사람이 저 말고도 많지 않았을까 싶어요. 여전히 공조 시스템이 남아 있는 지역도 있습니다만, 커뮤니티의 고령화, 도시에서 이주해

온 젊은 세대와 오래 전부터 살던 윗세대와의 장벽 등 여러 가지 문제도 있다고 들었습니다.

'공적 원조'의 기능에도 한계가 오고 있어요. 지금처럼 공공 인프라와 서비스를 유지해 갈 재원이 없습니다. 인구 감소에 따른 세수 감소로 현재 많은 지역이 국가 보조금에 의존할 정도로 경제적 위기에 직면해 있습니다.

공유를 통해 공적 원조를 재구축하다

이런 어려운 상황 속에서도 공유를 통해 개인과 개인이 연결되면 새로운 형태의 공적 원조를 재구축할 수 있습니다. 공적 원조에 의존하던 것에서 새로운 공조 기능을 통해 보완할 수 있죠. 개인과 개인의 네트워크나 커뮤니티를 통해 지속 가능한 사회를 만들어 갈 수 있습니다.

현재 인구 3,200명의 홋카이도 데시오 마을은 저출산 고령화로 인해 최근 60년간 인구가 3분의 1로 줄었습니다. 예전에 운행되던 버스와 기차의 편수는 인구 감소와 함께 해마다 줄고 있죠. 반면 '교통 약자'나 '구매 약자'라고 불리는 고령자는 늘어났습니다.

데시오 마을에 사는 한 할머니는 마을에서 70Km 떨어진 와카나이 시의 병원에 다니는데, 버스와 철도를 갈아타다보면 편도로 3시간 이상이 걸린다고 합니다. 대중교통으로는 당일에 돌아올 수 없는 거죠.

이렇게 자조와 공적 원조가 작동하지 못하게 된 상황을 타파하기 위해 데시오 마을에서는 공유를 통한 새로운 공조의 형태로 '합승 교통'이라는 제도를 운영하고 있습니다. 'notteco'라는 차량 공유 서비스와 자치단체가 협력하여 자가용이 있는 지역민과 차가 없는 사람을 연결시켜 주는 거죠. 고령자를 중심으로 한 많은 주민에게 도움이 되면서 여러 매체에 소개되기도 했습니다.

공적 원조를 유지할 수 없어 한계에 직면한 지역에서도 공유 경제를 활용하면 누구나 안심하고 살 수 있는 커뮤니티를 재구축할 수 있습니다.

공유가 만들어 낸 지역 소도시의 긍정적 나비 효과

정부의 중점 시책으로 추진

데시오 마을의 사례처럼 공유 개념을 지역에 도입해 지역의 과제를 해결하려는 자치체를 '공유 도시(Sharing City)'라고 합니다.

공유를 지역 인프라에 도입하면 마을에 잠재해 있는 공공 자원과 인력, 물건 등의 유휴 자산을 활용할 수 있습니다. 이를 통해 마을 전체의 경제 효과를 높일 수 있고 인구와 관광객의 감소, 교통수단 부족, 육아·간병 등의 문제도 해결할 수 있죠. '공적 원조'에서 '공조'로 이

행함으로써 지속가능한 마을을 만드는 모델입니다.

인터넷과 플랫폼을 통해 모든 것이 연결되고 공유할 수 있게 되면 지금까지의 한정된 지역에서만 서로 돕던 시스템이 폭넓게 열립니다. 도심에서 외곽으로, 지역 밖의 사람들과도 유대관계를 만들 수 있는 것이죠.

공유를 통한 인프라가 지역으로 확산되면 국가와 자치체의 지원 없이도 지역 안팎의 사람들끼리 공조의 힘으로 삶의 과제를 해결할 수 있습니다.

공유 도시라는 개념은 원래 유럽에서 시작되었습니다. 외국의 공유 도시는 주로 인구가 집중된 도시 지역의 과제를 해결하는 수단으로 확대되었습니다. 그것이 지금은 도시뿐 아니라 지방의 과제, 특히 일본의 인구 감소와 고령화 등의 지방 자치체 과제에 대해서도 효과가 있다는 점에서 주목받기 시작했습니다.

일본은 정부의 중점 시책으로서 공유 경제를 활용한 공유 도시를 추진하고 있습니다.

2018년 6월에 발표한 성장 전략에서 '공유 경제를 활용 및 추진하는 자치단체 만들기'를 구체적인 목표 수치와 함께 제시했습니다. 총무성에서도 '공유 경제 활용 추진사업'의 형태로 지역 인재 활용, 육아 등의 여성 활동 지원, 지역 교통수단 확보, 미정된 이용 공간의 활용 등 4개의 테마로 자치단체의 실증 실험을 지원하고 있습니다.

〈공유 도시 추진으로 기대되는 것〉

- 지속 가능한 공조 기능(보조금에 의존하는 모델에서 탈피)
- 지역의 취업 기회 창출(육아 중인 여성과 고령자 등 지역 내의 새로운 일자리 만들기)
- 과소 지역의 대체 대중교통 수단 창출 / 관광객의 새로운 이동 수단 창출
- 유휴 자산 활용(빈 집, 빈 점포, 이용률이 낮은 공공시설 등)
- 관광업 활성화(숙박시설 수요 수용, 관광 프로그램 등)
- 지역 안전망 창출(육아 지원, 고령자 지원, 재해 시 등)

사가 현 다쿠 시 '공유로 취업 기회 창출'

지방에서 일하며 살고 싶지만 지방에는 일자리가 없다!

고향이나 자기가 좋아하는 지방에 내려가 살고 싶지만 마땅한 수입원이 없어서 어쩔 수 없이 포기하는 사람이 많을 것입니다.

사가 현 다쿠 시에서는 공유 경제를 통해 '지역 일자리'를 창출하고 있습니다. 다쿠 시는 한때 탄광 마을로 번성했지만 1970년대에 폐광된 후 급속히 인구가 유출되면서 현재 인구는 2만 명을 밑돌고 있습니다.

어린이집 등의 시설이 많고 복지가 잘 갖춰져 있지만 일자리가 없다는 것이 인구 유출의 직접적인 원인이 되었죠.

이를 해결하기 위해 다쿠 시는 2016년 11월부터 공유 경제를 활용한 일자리를 지역민에게 안내하고 연수 프로그램을 실시하는 등 지원에 나섰습니다.

코워킹 스페이스와 보육 공간으로 활용할 수 있는 컨테이너 하우스 〈로컬 공유 센터〉를 개설하고 지원 인력 2명이 상주하는 커뮤니티 센터를 운영하고 있습니다. 뿐만 아니라 '크라우드 워커 육성 프로그램'에서는 인터넷을 통해 개인이 기업으로부터 일감을 발주 받는 크라우드 워커를 육성하고 있습니다.

육아 중인 주부, 70대 시니어층 등 총 40명이 연수생으로 참가하고 있죠. 연수를 수료한 후에는 '크라우드웍스'를 통해 일감을 받아 일할 수 있습니다.

'크라우드 워커 육성 프로그램'에 참가한 마츠오 리카 씨는 야마가타 대학을 졸업한 후 지역의 케이블 TV에 입사해 일한 경험이 있습니다. 결혼을 하면서 퇴직했고 지금은 3명의 아이를 키우는 전업 주부입니다.

"육아를 일순위에 두고 싶은 마음은 변함없어요. 하지만 여유 시간에 집에서 일할 수 있으면 좋을 것 같아 연수에 참가하게 됐어요. 수입이 목적이라기보다는 아이를 키우면서도 저의 경험이 누군가에게 도움이 된다면 돕고 싶은 마음이에요. 지방에 살면서 이런 공유 서비스를 통해 유연하게 일할 수 있다는 걸 모르는 분이 많은 것 같아요. 기업에 정규직으로 고용되지 않더라도 원하는 시간에 원하는 것을 통해 일할 수 있는 기회가 있다는 사실을 더 많은 사람에게 알리고 싶어요."

다쿠 시는 2017년 10월부터 약 1년 반 동안 '지역 방문 기업인' 제도를 활용했습니다. 도시권의 기업체 직원을 일정 기간 초빙해 지역의 독자적인 매력과 가치를 향상시키는 업무를 맡기는 제도죠.

지역형 관광에 특화된 공유 서비스 TABICA를 운영하는 주식회사 가이악스(GaiaX)에서 1인이 파견되었습니다.

TABICA는 지역민이 호스트가 되어 내 고장의 매력을 알리는 활동을 지원합니다. 주로 현지 관광협회 직원에게 관광 콘텐츠 개발을 지도하죠.

현재 65개의 다쿠 시 고유 관광 체험 프로그램을 제공해, 연간 300명 정도의 관광객이 시내나 현 안팎에서 참가하고 있습니다.

TABICA의 도입으로 시민이 주체적으로 활동을 할 수 있게 되었고, 체험 건수와 참가자도 점점 늘어나고 있습니다. 예를 들면 시골의 할아버지 할머니와 농원 체험하기, 환상의 자연 마 캐기 체험, 부드러운 헝겊 슬리퍼 만들기, 다쿠 산 체험 등의 다채로운 콘텐츠들이 있습니다. 지역민에게는 당연하고 평범한 체험이지만 타 지역에서 온 사람에게는 독특하고 소중한 체험이 될 수 있는 활동들이죠.

체험이 끝난 후 게스트가 장문의 리뷰를 보내주는 일

도 많다고 합니다. “사진으로만 보던 농원 시설과 자연을 실제로 접하니 감동적이었어요. 정말 행복한 시간이었어요.”라는 코멘트나 “친절한 지역 주민들 덕분에 매우 즐거운 시간을 보낼 수 있었어요.”라는 코멘트는 호스트에게도 보람을 느끼게 합니다. 이러한 체험을 통해 게스트도 호스트도 새로운 감동과 만남을 얻게 되죠.

지금까지 지역에서 일자리를 늘리기 위해서는 현지 기업의 고용을 늘리거나 도시에서 기업을 유치하는 수밖에 없었습니다. 하지만 이 방법은 현재 일본의 인구 감소나 기업과 사람의 도시 집중 현상으로 볼 때 현실적인 대책이 될 수 없습니다.

이제는 지방에 거주하면서 공유 플랫폼을 통해 전국의 기업이나 개인으로부터 업무를 발주 받기도 하고, 지역의 콘텐츠를 서비스로 제공하는 등 지역에서 할 수 있는 일이 많아지고 있습니다.

나가노 현 가와카미 마을 '여성이 살기 좋은 곳으로'

일본 제일의 양상추 생산량을 자랑하는 나가노 현 가와카미 마을. 이 마을은 '여성이 살기 좋은 마을'을 모토로 내걸고 'KAWAKAMI SMART PROJECT'의 일환으로 공유 경제 시스템을 도입하였습니다. 저도 이곳에서 3년 동안 큐레이터로서 공유 경제 보급과 관련된 일을 했습니다.

가와카미는 인구 4,000명 남짓의 작은 마을로 경제적으로는 비교적 풍족하지만 인구 유출이 해마다 가속화되면서 남성의 비혼율이 높았습니다. 반면에 결혼한 마을 여성들은 농사와 육아, 살림까지 하느라 눈코 뜰 새 없이 바쁘죠.

농번기에는 농사일을 하면서 가사와 육아까지 혼자 담당하는 경우가 대부분입니다. 게다가 농촌지역이라 '집안일은 여자가 해야 한다'는 문화적 풍습이 아직 남아있어서 여유시간이라고는 없었어요. 일과 육아, 살림까지 해야 하는 주부들에게는 매우 힘든 환경이었죠.

그런 상황을 타파하기 위해 집안일이나 아이 돌보기,

장보기 등을 지역 주민에게 부탁할 수 있는 공유 서비스 'MAKE TIME!'을 개발했습니다. 2016년에는 공조 시스템을 통해 비혼율을 낮추고 가정을 꾸릴 수 있도록 환경을 향상시키는 실험을 했어요.

기간 중에 약 30명이 101건의 서비스를 이용했습니다. MAKE TIME!으로 생겨난 여유시간을 활용해 마을 여성이 주도하는 이벤트를 개최하고 여성을 응원하는 팀 발족, 평생학습 강좌 개최 등의 다양한 프로그램이 생겨났습니다.

현재는 육아하는 엄마들로 이루어진 커뮤니티가 활동하고 있습니다.

가와카미 마을의 가와카미 도모미 씨는 이렇게 말합니다.

"도시에서 가와카미 마을로 시집와 몇 년 동안은 마을 사람들과 친밀한 관계를 맺지 못했어요. 어린이집 모임이나 지역의 모임 같은 것은 있었지만 좀처럼 친구가 생기지 않더라고요. 반면에 육아는 너무 힘들었어요. 힘들 때 의지하거나 잠깐 아이를 봐달라고 부탁할 사람이 주변에 없었죠. 그런데 공유 서비스로 도움을 청했더니 돕겠다는 사람이 많아서 깜짝 놀랐어요."

전국적으로 세대교체가 일어나고 있는 지금, 지방일수록 젊은 세대와 윗세대 간 또는 현지인과 이주민 간에 장벽이 있습니다. 여러 지역을 다니며 그런 이야기를 많이 들었죠. 원인은 지역 내에서 사람과 사람이 만날 기회가 이전보다 줄어든 데 있었습니다.

지역에 새로운 공조 시스템으로서 '공유'를 도입해 상부상조의 문화와 사회 안전망을 키워나간다면 지방으로 이주나 다거점 거주와 같은 인구의 유동을 발생시킬 수 있습니다. 그럴 때 현지민과 이주민 모두가 살기 좋은 지역을 만들어 갈 수 있지 않을까요?

사가미하라 시 후지노
'마을에 안전망을 만드는 라이프 스타일'

가나가와 현 북서부에 위치한 후지노는 인구가 1만 명 남짓한 산촌 마을입니다. 이곳은 생활의 모든 것을 공유하며 경제가 순환하는 시스템을 운영하고 있습니다.

후지노는 사가미하라 시가 관할하고 있는데, 1989년 행정구역 합병으로 작은 마을에까지 미치는 행정력이 약화되었습니다. 예전만큼 세밀한 행정력이 미치지 못하게 된 거죠. 그래서 후지노 마을 주민들은 독립자치구처럼 '우리 손으로 지역을 만들고 유지해 나가자'는 활동을 시작하게 되었습니다.

후지노에는 독자적인 지역 통화인 '요로즈(萬)'가 유통되고 있습니다. 채소나 물건을 교환하면 서로의 통장에 사인을 하는 통장 기장식 지역 통화입니다. 후지노의 상점에서는 대금의 일부를 요로즈로 지불할 수 있습니다.

흥미로운 것은 요로즈를 자주 교환하는 사이가 되면 얼마 되지 않아 요로즈가 필요 없어지고 직접 물물교환을 하게 된다는 것입니다. 후지노 마을의 어떤 분은 "처음에는 약간 거리감이 있어서 지역 통화를 통해 빌려줬지만, 친해지니까 지역 통화조차 필요 없어졌어요. 요로즈를 처음 만들 때 이런 상황을 기대하며 만들었어요."라고 말씀하시더군요.

요로즈라는 지역 통화는 '돈'이라기보다는 '고마운 마음'을 가시화한 것입니다. 커뮤니티에 고마운 마음이 생

기면 자연히 나도 커뮤니티를 위해 무언가를 하고 싶은 욕구가 생기죠. 이런 '상호부조'의 문화를 기르는 것이 목적입니다.

이러한 커뮤니케이션의 바탕은 200세대 500명이 등록된 핸드폰 메일링 리스트가 있습니다.

리스트 안에서 날마다 다양한 공유가 이루어지죠. "이 책상 그냥 드립니다.", "안 쓰는 책가방 나눠주실 분?", "아이를 역까지 바래다 줄 수 있나요?" 이런 거래가 매일 평균 5건, 월 100건 이상 이뤄집니다. 거래할 때 지역 통화는 물론이고 엔화를 사용하기도 하고, 무료로 이뤄지는 경우도 많습니다.

물건을 주고받는 거래뿐만 아니라 곤란한 상황에 도움을 요청하거나 위험 대비책 같은 것도 매일 올라옵니다. "자동차 배터리가 다 됐어요."라는 SOS나 "오늘은 태풍이 올 것 같아요."라는 주의 환기성 정보까지 생활의 모든 것이 공유되고 있죠.

후지노를 방문했을 때 마을 주민들이 "여기는 무슨 일이 생겨도 걱정이 안 되는 든든한 커뮤니티가 있어."라고 말하는 것이 인상적이었습니다. 핸드폰 메일링 리스트의 내용을 보고만 있어도 '이 커뮤니티에 있으면 안심'이라는 생각이 든다고 해요. 어떤 일이 생기더라도 누군가가 나를 도와줄 것이라 확신한다면 그 보다 더 안심되는 일은 없겠죠.

후지노 커뮤니티의 버팀목인 고야마 미카에 씨는 도시에서 이주한 경우입니다. 끊임없이 소비를 해야만 살 수 있는 도시 생활에 늘 의문을 품고 살다가 후지노로 이주를 결정했죠.

"도시 생활은 음식과 옷, 집 등 필요한 것은 엄청 많은데 돈이 없으면 아무것도 얻을 수 없어요. 그래서 돈이 중심이 되는 생활을 할 수밖에 없죠."

후지노에서는 생활의 모든 것을 자급자족하지는 못해도 필요한 물건을 서로 나누며 돕고 삽니다. 없으면 필요한 것을 함께 만들죠. '모자란 것은 커뮤니티 안에서 해결할 수 있다'고 생각하니 도시 생활에서 느꼈던 막연한 불안이 사라졌다고 합니다.

"관계의 순환으로 마을 전체가 안심하게 돼요. 이웃과 연결되어 있으니 모든 게 걱정 없다, 서로 돕고 의지하며 살 수 있다는 생각이 들죠. '마을 전체가 연결되어 있다'는 것 자체가 주민들의 일상에 큰 안정감을 줍니다."

이러한 공조 시스템은 **향후 농촌지역의 행정합병 등으로 행정력이 느슨해지는 작은 마을도 지속가능하다는 점에서 새로운 가능성을 가지고 있습니다.**

세계적으로 확산되는 공유 도시

행정당국의 주도로 공유를 정책에 도입한 한국 서울

한국의 수도 서울은 세계적으로도 빠른 시기에 공유 도시가 되었습니다.

2012년경부터 시의 과제 해결을 위한 정책으로서 공유 경제를 도입했죠.

서울은 최근 20년간 급속한 경제성장을 이뤘지만, 한편으로는 가파른 인구 증가와 교통 체증 문제, 청년 취업난, 주택 부족 등 다양한 도시 문제가 발생했습니다. 그러던 중 2012년 취임한 박원순 시장은 한정된 자원 속에서 시민들의 삶의 편의를 높이는 방법을 고민한 끝에 도시정책에 공유라는 개념을 도입하기로 합니다. '공유 도시'를 선언하고 공유 경제 촉진 조례도 제정했습니다.

지침으로 '한정된 자원 속에 모두가 행복할 수 있는 시스템을. 환경문제에 대한 배려, 커뮤니티 재생을 통한 공조사회로의 부흥을'이라는 슬로건을 내걸고 있어요.

이를테면 기증받은 정장을 청년들이 이용할 수 있는 비영리 공유 서비스가 있어서 돈 없는 취업 준비생이나 젊은이들에게 사랑받고 있습니다. 기증하는 사람이 이용자에게 '구직 활동 힘내세요.'와 같은 메시지를 남기기도 하는 정감 넘치는 공유 서비스입니다.

그밖에도 공공시설 개방이나 민간 공유사업 지원, 공유 도서관 운영, 학교 교육에 공유 경제를 도입하는 등 도시 전체적으로 공유를 추진하고 있습니다.

시민의 주도로 지속 가능한 도시를 만드는 네덜란드 암스테르담

유럽에서도 공유 도시가 확산되고 있습니다.

네덜란드 암스테르담도 '시민의 80% 이상이 공유 정신을 가졌다'고 알려진 도시죠.

유럽에서는 '협력 경제(cooperative economy)'라는 방법으로 2013년경부터 시민이 주체가 되어 적극적으로 공유를 추진하고 있죠.

지역의 기업, NGO, 대학, 지역 단체 등 모든 섹터가 공유 경제를 도입하여 활동 방안을 모색하는 자리가 정기적으로 마련되고 있습니다.

또한 고령자와 빈곤층을 대상으로 하는 '시티 패스'라는 제도도 운영하고 있어요. 약 18만 명의 저소득자와 고령자가 시티 패스를 이용해 지역의 식료품이나 의료와 같은 광범위한 서비스를 저렴한 가격에 이용할 수 있는 시스템이죠.

아울러 암스테르담은 행정당국의 주도 하에 지속가능한 사회 구현을 위한 정책을 추진하고 있으며, 환경을 고려한 공유도 활발하게 추진 중입니다.

버려진 물건을 고쳐 재활용하는 서비스, 카메라나 스마트폰 등의 기기가 고장 나도 간단히 수리하거나 커스터마이즈 할 수 있는 시장, 청바지를 1년간 1만 원 정도의 저렴한 가격에 장기 대여할 수 있는 사업 등이 생겨나고 있습니다.

암스테르담뿐만 아니라 유럽권에서는 런던, 마드리드, 밀라노, 파리 등에서 공유 제도가 확산되면서 '지속가능한 사회를 만들기 위한 중요한 정책'으로 자리매김하고 있습니다.

S H A R E L I F E

새로운 사회안전망의 형성

'관계'로 많은 문제를 해결할 수 있다

경제 격차로 인한 생활 보호 인구의 증가, 고령자나 1인 가구의 고독사, 장애인과 한부모 가정의 빈곤과 사회적 지원 부족, 노인 간병 및 의료비 증가…… 우리는 역사 이래 사회 안전망이 가장 필요한 시대에 직면해있습니다.

반면에 현재 사회보장으로서의 사회 안전망은 제도적으로나 재정적으로 거의 한계에 이르렀다고들 말합니다.

저는 미래 사회의 확실한 사회 안전망은 '사람과의 관

계'라고 생각해요. 사람과의 관계를 통한 사회 안전망(safety net)을 만들 수 있다면 많은 문제를 해결할 수 있고 필요 이상의 비용을 들일 필요도 없습니다.

육아 사회 안전망 같은 것을 예로 들 수 있습니다.

삿포로에 있는 싱글맘 전용 셰어 하우스에서는 '육아를 공유'하는 온라인 서비스 'AsMama(asmama.jp)'를 도입해 활용하고 있습니다. 'AsMama'에서는 지역에서 믿을 수 있고 안면이 있는 사람들끼리 한 시간에 원코인 정도의 사례를 하고 서로 아이를 등하교시키거나 맡아서 돌봐주는 등의 일을 부탁할 수 있습니다.

이혼율이 전국 2위인 홋카이도에는 육아와 일을 도맡아 하는 싱글맘이 많습니다. 혼자서 아이를 키우려면 경제적인 지원도 필요하지만 그 이상으로 필요한 것이 가정 바깥에서도 육아의 도움을 받고 부탁할 수 있는 '관계'입니다.

'AsMama'는 나라 현 이코마 시, 아키타 현 유자와 시, 시가 현 오츠 시 등과도 연계해 이 자치단체들의 육아를 지원하고 있습니다. 'AsMama'를 통해 공조 시스템을 만듦으로써 자치단체가 안고 있는 '어린이집 정비

부족' 등의 문제를 비롯해 자금이나 물품 원조로는 보충할 수 없는 사회 안전망을 구축할 수 있습니다.

시니어층의 사회 안전망도 필요합니다. 일본의 고독사 수는 연간 약 3만 명에 이릅니다. 내각부의 2017년판 고령사회백서에 따르면 독신 고령자의 40% 이상이 고독사를 '남의 얘기가 아니라고 느낀다'고 답했습니다.

1인 가구가 늘어나 도와줄 사람이 없는 고령자의 사회 안전망 구축은 행정력만으로는 역부족인 시급한 과제라고 할 수 있습니다.

노인 요양시설이나 보호시설은 상당히 많은 비용이 듭니다. 요양보호사의 피폐나 입주자의 사회적 관계가 약해지는 문제도 있죠.

하지만 공유 시스템을 활용하면 새로운 형태의 사회 안전망을 제시할 수 있습니다. 프랑스의 경우 학생과 고령자가 같은 셰어 하우스에 살도록 매칭해주는 서비스가 있습니다. 미국에서는 혼자 사는 시니어들끼리 룸메이트를 찾을 수 있는 서비스도 등장했죠.

혼자서 할 수 없는 일은 분담하고 공유하며 생활하는 인프라를 조성함으로써 돈이나 행정의 보호에만 의존하지 않는 사회 안전망을 만들 수 있지 않을까 생각합니다.

협동조합의 진화=조합+테크놀러지

사회적 안전망의 형태로서 '협동조합(coop)'이라는 시스템이 세계적으로 새롭게 거듭나고 있습니다.

일본에서는 협동조합이 친숙합니다. 개인이 조합원이 되어 조합비를 내고 그 돈으로 일상생활에서 상호부조를 실천하는 비영리 조직체인데, 여기에 테크놀로지를 접목해 다양한 조합 서비스를 받을 수 있는 시스템이 세계적으로 주목을 받고 있습니다.

조합은 기업의 서비스와 달리 비영리이기 때문에 커뮤니티에서 나누어 낸 돈의 운용 방법을 스스로 결정할 수 있으며 수수료가 들지 않는다는 장점이 있습니다.

벨기에에는 'SMart'라는 프리랜서 노동조합이 있습니다. 일을 마치면 플랫폼에서 노동자에게 임금을 즉시 지불하고, 이후 클라이언트에게 비용을 청구합니다. 구성원들은 임금의 6%를 협동조합에 지불하고 이 서비스를 받을 수 있습니다.

그밖에도 'Platform coop'이라는 미국 단체는 독일에 있는 난민 여성들의 노동조합 플랫폼과 빈곤층의 베이비시터 네트워크 등에 보조금을 제공하고 있습니다.

제가 사는 Cift에서도 커뮤니티 안에서 60명의 멤버가 매월 1만 엔의 조합비를 냅니다. 이 돈은 전체 회의를 통해 전원의 식비와 아이들의 병원비 등의 용도로 운용됩니다.

이처럼 '커뮤니티 안에서 조합을 운영하는 것'도 새로운 사회 안전망의 형태로서 기능하지 않을까 생각합니다.

방재와 재해 상황에서 더욱 빛을 발하는 '공유'

최근에 일본은 여러 차례의 자연재해를 겪었습니다. 호우나 지진 같은 자연재해 시의 방재 의식은 해마다 강해지고 있죠. 저는 '재해 때야말로 공유가 빛을 발한다.'는 것을 강조하고 싶습니다.

재해 시에는 긴급한 대응이 요구되며 정보, 식재료, 대피처, 의류나 그 밖의 물건과 많은 지원이 필요합니다. 하지만 공적인 기능으로 모든 것을 다 커버하기에는 한계가 있어요. 도로나 교통 기능에 큰 피해가 발생하면 물자나 물류 등도 제 기능을 못하게 되죠.

재해가 난 곳에서 뭔가를 구하려고 할 때 행정당국, NPO 등의 기관, 기업을 통하지 않으면 물자나 원조를 청할 수 없고 의지할 수 있는 선택지도 제한적입니다.

그래서 새로운 지원의 선택지가 된 것이 공유 시스템입니다. 인터넷을 통해 순식간에 사람과 사람이 연결되어 필요로 하는 것을 직접 주고받을 수 있으니까요.

"제 방이 비어 있어요.", "이웃 도시까지는 마중 나갈 수 있어요.", "저희 집에 식사하러 오실래요?"라는 식으로 개개인이 할 수 있는 범위 내에서 공유할 수 있는 것이 많습니다. 정부에 의존하지 않고도 공유 플랫폼을 통해 서로 도울 수 있게 됩니다.

2016년 구마모토 지진 때는 Airbnb가 숙박 장소를 무상으로 제공했습니다. 집을 잃고 불안에 떠는 이재민에게는 자치단체가 제공하는 체육관이나 공공시설이 아니라 따뜻한 온기를 느낄 수 있는 집에서 안심하고 잘 수 있다는 것만큼 마음 든든한 일은 없었을 거라 생각합니다.

2018년의 서일본 호우재해 때는 장거리 차량 공유 서비스인 notteco가 재해시로 가는 자원봉사자와 재해지에서 이동수단을 찾고 있는 사람에게 차량 공유 서비스를 무상으로 제공했습니다.

그 외에도 앱상에서 의사에게 부상이나 질병을 상담할 수 있는 서비스 'LEBER'가 이재민에게 무상으로 제공되기도 했죠.

이처럼 재해가 일어났을 때 행정기관이 새로운 공조 시스템을 활용하는 시도도 있습니다. 도쿠시마 현의 아난 시는 민박으로 쓰이는 민가를 재해 시 피난처로 활용하는 '심리스 민박'이라는 제도를 도입했습니다.

2011년 동일본 대지진 때 '확실한 유대관계야말로 안심이며 행복'이라고 많은 사람들이 느끼지 않았을까요? 집도 차도 가져봤자 재해로 잃고 나면 아무 소용이 없습니다. '내일이라도 당장 지진이 일어날지 모른다'는 가능성 속에서 사는 우리, 유사시는 물론이고 평상시에도 편안하게 의지할 수 있는 타인과의 관계가 있다는 안도감이야말로 돈으로는 살 수 없는 현대인의 자산이라고 생각합니다.

국제 이벤트와 공유

1964년 도쿄 올림픽 때 일본에서 최초의 민박이 실시되었다는 사실을 알고 있나요? 당시 숙박시설 부족을 우려한 정부는 도쿄 도민에게 협조를 호소했고, 그 때 선정된 600세대 이상의 도민이 외국인 관광객을 집으로 받아들였습니다. 외국과의 교류가 드물었던 시절에 일반 가정에서 외국인을 대접할 수 있었던 것은 굉장히 값진 사회적 경험이었으리라 생각합니다.

그리고, 우리는 다시 도쿄에서 올림픽을 개최합니다. 이런 큰 이벤트야말로 공유 경제가 활약할 수 있는 기회입니다.

첫째로는 숙박시설이나 물품 보관함, 교통수단과 같은 일시적인 대량 수요를 충족시키기 위해 새로운 호텔이나 시설을 만들 것이 아니라 공유를 활용해 필요한 것을 보완하는 것입니다.

그렇게 하면 불필요한 건설과 소비를 막을 수 있습니다. 특히 압도적으로 부족할 것이라 예상되는 숙박 장소에 대해서는 민박이 큰 역할을 할 것입니다. 2016년 리우올림픽에서는 Airbnb가 공식 파트너가 되어 8만 박 이상을 리우 시 주민들로부터 공급받았습니다.

둘째로는 공유를 통해 누구나 관광객을 맞이할 수 있다는 것입니다. 가정 요리를 제공하고 싶은 사람과 먹고 싶은 사람을 이어주는 공유 서비스나, 관광 가이드를 하고 싶은 사람과 가이드를 원하는 사람을 이어주는 공유 서비스 등을 활용하면 개인이 관광객과 연결될 수 있습니다.

우리 스스로 호스트가 되어 가능한 범위 안에서 취미나 특기, 비어있는 장소나 남는 물건을 제공한다면 수입뿐만 아니라 보람과 관계라는 자산까지 손에 넣을 수 있습니다.

도쿠시마 현 도쿠시마 시에서는 2017년에 열린 아와오도리 축제 기간 중 숙박업소 부족을 해소하기 위해

'이벤트 민박'을 실시해 270명 이상의 관광객을 수용했습니다.

이를 계기로 지역 내 네트워크에서는 자연발생적으로 여러 가지 서비스가 탄생했죠. 차량 픽업 서비스와 아와오도리에 참가하는 관광객의 의상과 갈아입을 장소를 제공했고, 외국어가 가능한 사람들은 통역 가이드로 활약했습니다. 지역민이 지역의 문화와 생활을 소개하고 마을 전체가 손님을 대접하는 문화가 조성되었죠.

2025년에는 오사카 엑스포가 개최될 예정입니다.

이처럼 큰 이벤트에는 많은 수요 충족을 위한 새로운 시설을 만들거나 대규모 투자를 하게 되는데, 공유시스템을 활용하면 불필요한 투자를 막을 수 있습니다.

지금 있는 물건이나 잠자고 있는 자산을 효과적으로 활용한다면 지속가능한 일본의 사회 모델을 세계에 보여줄 수 있습니다.

지역민들이 손님을 직접 맞이하는 시장을 넓혀나간다면 새로운 관계와 교류를 만들고 진정한 일본의 매력을 세계에 알릴 수 있는 기회가 될 것입니다.

4장 Point

- 사라져가는 '공적 원조' 시스템이 공유를 통해 재구축되고 있다.
- 일본에도 세계에도 '공유 도시'가 생겨나기 시작했다.
- 공유는 재해 시에도 안심할 수 있는 새로운 지원의 한 방법이다.
- 올림픽 등 국제적인 이벤트야말로 공유가 빛을 발할 수 있는 기회이다.

SHARE
LIFE

Chapter 5

The Sharing Mind

제5장

더 나은 공동체를 꿈꿀 때 '공유 마인드'

지금까지 '관계'야말로 가장 중요한 것임을 거듭 말씀드렸습니다. 공유를 함으로써 생기는 가장 큰 가치가 '관계'이며 그것이 돈이나 사회적 지위보다 더 중요한 '자본'이 되는 시대가 도래할 것이라고 말이죠. 이번 장에서는 관계의 가장 중요한 키워드인 '신뢰'에 대해 생각해보겠습니다.

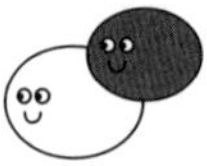

셰어 라이프는 '신뢰'를 통해 이루어진다

신뢰를 얻는 사람이 셰어 라이프의 가장 큰 수혜자

기존의 'B to C(Business to Customer)' 즉, 기업이 서비스를 제공하고 소비자가 구입하는 모델에서는 '그 서비스를 신뢰할 수 있는가?'의 여부를 기업이 담보했습니다.

이에 반해 공유를 통해 새롭게 태어난 'C to C(Customer to Customer)' 모델에서는 개인과 개인이 대여나 매매를 하기 때문에 '거래하는 상대방이나 제공되는 서비스를 신뢰할 수 있는가?'의 여부는 개인 간의 신뢰를 통해 성립됩니다. 즉 신뢰를 담보하는 것은 기업이 아니라 개인입니다.

셰어 하우스나 민박 같은 대면 거래에서부터 메르카리(Mercari : 핸드폰으로 누구나 쉽게 매매를 할 수 있는 어플리케이션) 같은 인터넷상의 거래까지 서비스를 받는 측은 '제공자가 신뢰할 만한 상대인가?'를 판단하는 능력이 필요합니다.

반면에 서비스를 제공하거나 공유하는 측도 '상대로부터 신뢰받을 수 있는가?'가 중요해지죠. **즉 공유 거래를 하기 위해서는 '신뢰하고 신뢰받는' 기술이 반드시 필요합니다.**

'신뢰'라는 개념이 이전에도 없었던 건 아닙니다. 하지만 대부분의 경우 신뢰는 친구와 연인, 가족, 회사와 클라이언트 등 특정 인간관계 속에서만 의식되었죠. 그리고 그 특정 범위 내에서의 신뢰가 사회적 신용으로까지 연결되었습니다.

하지만 공유의 세계에서는 특정 인간관계뿐만 아니라 '소비 행동'에서도 개인의 신뢰가 중요합니다.

따라서 신뢰를 얻기 쉬운 사람이 셰어 라이프 속에서 가장 많은 이익을 얻게 됩니다.

'돈이나 사회적 지위를 가진 사람'보다 '많은 개인으로부터 신뢰를 얻는 사람'이 더 유리해지는 것이죠.

지금까지의 조직 중심 사회에서는 기업 등의 조직을 통해서만 서비스나 물건, 정보를 얻을 수 있었습니다. 하지만 개인이 중심인 사회에서는 자기 재량껏 원하는 시간에 원하는 장소에서 원하는 양의 물건을 사거나 팔거나 사람과 관계를 맺을 수 있게 되었습니다. 개인이 주체가 되므로 자기만의 색깔과 개성을 바탕으로 다른 사람과 거래하게 됩니다.

예컨대 기업에 고용된 형태로 가사 대행 서비스 아르바이트를 했을 경우, 기업의 매뉴얼이나 규칙에 따라 일하기 때문에 개인의 재량권이 적고 자기만의 개성을 표현하기 어렵습니다.

반면에 개인과 개인이 거래하는 사회에서는 오히려 개성이나 독창성, 성격이야말로 가치가 되고 신뢰받는 중요한 요소가 됩니다.

게다가 크라우드 펀딩의 등장으로 개인들로부터 쌓인 신뢰가 심지어 돈으로 바뀌는 시대가 되었습니다.

신뢰란 무엇인가?

그렇다면 신뢰란 무엇일까요?

우리는 무엇을 통해 만나는 사람이나 구매하는 물건이나 취득하는 정보를 '신뢰할 수 있다'고 인식하는 걸까요?

여러분 중에는 과거 어린 시절에 부모님으로부터 "모르는 사람이 주는 과자는 먹으면 안 돼."라는 말을 들은 기억이 있거나 오늘 아이에게 그 비슷한 주의를 준 경우도 있을 거예요. 그 상식은 도대체 어디서 온 것일까요? 잠시 멈추고 생각해볼 필요가 있습니다.

일상생활의 대부분은 신뢰로 이루어집니다. 먹는 것도, 일하는 것도, 쇼핑하는 것도, 기차나 비행기를 타는 것도, 우체통에 편지를 넣는 것도 그 서비스 제공자를 신뢰하지 않으면 할 수 없는 게 대부분이죠.

나라나 가치관에 따라서도 신뢰를 파악하는 방법이 다릅니다.

2018년 여름, 중국 베이징 시에 시찰 갔을 때 'Home Cook(回家吃饭)'이라는 공유 플랫폼을 체험한 적이 있습니다. 자기 집에서 식사를 제공하고 싶은 호스트와 중국 가정식을 경험하고 싶은 게스트를 매칭해 주는 방문형 서비스로, 저는 50대 어머니의 집에서 식사를 함께 했습니다. 중국은 공유 경제 시장이 83조 엔을 웃도는 큰 시장을 이루고 있습니다. Home Cook도 연간 480만 건의 매칭이 이뤄지는 인기 플랫폼입니다.

Home Cook이 이렇게 급속히 성장하게 된 배경에는 '무엇을 신뢰하는가?'라는 소비자 의식의 문제가 자리하고 있습니다. 낯선 사람의 집을 방문해 식사를 대접받는 서비스라니 일본에서는 진입 장벽이 높을 것 같아요. 하지만 중국에서는 최근 식당의 위생에 대한 우려가 높아져 있기 때문에 '식당보다는 개인의 가정요리가 더 안전하다'는 소비자 의식이 있습니다.

Home Cook의 담당자는 "식당에서는 오래된 기름을 사용한다는 말이 있어서 안심할 수 없어요. 무슨 조미료를 쓰는지 알 수 있는 가정요리가 훨씬 더 믿을 수 있다고 생각하는 사람이 많아요."라고 말하더군요.

일본에서는 '개인보다 기업이 제공하는 서비스가 더 안전하고 안심할 수 있다'는 의식이 높은 것 같아요. 하지만 중국의 사례처럼 국가나 소비자 의식에 따라 신뢰할 수 있는 대상이나 가치관은 달라집니다.

시대에 따라 '신뢰'의 개념은 변해왔다

《셰어(공유)로 비즈니스를 만들어 내는 신전략》(NHK 출판)의 저자 레이첼 보츠먼은 새 저서 《Who Can you Trust?》(한국에서는 《신뢰 이동》(흐름출판, 2019) 이란 제목으로 출간됨)에서 신뢰는 역사와 함께 변화하고 있으며 그 전환을

- 지역적인 신뢰
- 제도에 대한 신뢰
- 분산된 신뢰

라는 3단계로 분류할 수 있다고 합니다.

2차 대전 전, 지금처럼 기업이 발달하기 이전에는 '지역적인 신뢰'를 통해 사회가 성립되었습니다. 지연을 바

탕으로 한 커뮤니티 안에서 안면이 있는 사람이나 특정 인과의 관계성을 통해 물물교환이나 정보교환이 이루어졌죠.

이를테면 이웃에게 간장을 빌리거나 빌려줄 때 '간장에 독이 들었는지 안 들었는지'는 '아는 사람'이라는 신뢰성 속에 확보되어 있었습니다.

어느덧 기업이나 국가, 은행 같은 조직이 중심이 되는 사회로 이행되면서 이번에는 '제도'에 신뢰를 맡기게 됩니다. 이를테면 '간장에 독이 들었는지 안 들었는지'의 안전성은 기업의 브랜드나 JAS(Japanese Agricultural Standard ; 일본농림규격 제도) 등의 품질 규격 기준에 의거한 증명을 통해 확보되죠.

전후부터 현재로 이어지는 일본 사회는 대부분 이 '제도에 대한 신뢰'가 바탕을 이루는 것 같습니다.

그리고 세 번째가 인터넷과 테크놀로지의 도움으로 개인 간의 거래가 가능하게 된 사회에서 성립되는 '분산된 신뢰'입니다.

이것은 '개인들로부터 받은 평가에 대한 신뢰'라고 바꿔 말할 수 있습니다.

우리가 식당을 선택할 때 사용하는 '타베로그'도 분산된 신뢰 위에 이루어진 것이라 할 수 있습니다. '맛있는 식당인가 아닌가'는 기업이 아니라 그 가게를 다녀간 개인들의 평가가 담보하는 것이죠.

간장에 비유하자면 그 간장을 맛본 개인들이 인터넷과 플랫폼에 "안전해요.", "맛있어요."라고 평가를 하고 그 로그가 남겨짐으로써 신뢰가 확보되는 것입니다.

일전에 차량 공유 서비스가 급성장하고 있는 인도네시아를 방문한 적이 있습니다. 그 때 현지인에게 "왜 일반 택시가 아니라 공유 차량을 이용하나요?"라고 물었더니 "택시는 바가지요금을 씌우기도 하고, 길을 잘못 들거나 일부러 돌아가는 경우도 많아요. 택시운전사가 하는 말은 믿을 수 없죠. 차량 공유 앱을 사용하면 스마트폰상의 지도를 따라 바르게 이동하고 요금도 자동으로 계산해 줘요. 이전에 탔던 사람이 그 운전자가 좋은 사람이었는지를 사용후기로 남기기 때문에 안심할 수 있고 안전해요."라고 알려주더군요.

많은 사람들이 '개인보다 기업을 더 신뢰'하는 일본에서는 이런 경우를 상상하기 어려울지도 모릅니다. **하**

지만 기업이 아닌 개인이 서비스의 주체가 되는 대부분의 공유 서비스는 이 '제3의 신뢰' 모델을 통해 성립됩니다.

개인과 개인이 직접 연결되는 공유 모델에서 '거래하는 상대를 신뢰할 수 있는가?'라는 문제는 테크놀로지상의 '분산된 신뢰'를 통해 보완되죠.

일본에서도 타베로그의 평가를 믿고 레스토랑에 가거나 메르카리에서 앱상의 평가를 바탕으로 물건을 사는 일이 이제는 조금씩 당연해지고 있습니다.

모든 것이 공유 플랫폼을 통해 거래되는 지금, 이 제3의 신뢰를 올바로 이해하고 플랫폼상에서 신뢰를 구축하는 기술이 필요해지고 있습니다.

테크놀로지와 '신뢰'의 과제

하지만 이 제3의 신뢰를 통한 새로운 경제권도 사실은 아직 미완성 단계이고 갈 길이 한참 남은 상태입니다.

이유는 두 가지예요.

첫 번째는 플랫폼상의 평가나 입소문이 힘을 가지게

되면 그것을 수집하는 운영 주체가 정보를 조작하거나 악용할 위험이 있다는 점입니다.

두 번째는 평가 시스템이나 개인의 스코어링 전부를 테크놀로지에 맡기고 수치화했을 때 본래의 인간미를 잃어버리거나 마이너스로 작용할 가능성이 있다는 점이에요.

따라서 분산형 신뢰가 우리의 안심을 어디까지 담보할 수 있을지는 아직 불확실한 상태인거죠.

이미 중국에서는 테크놀로지를 기반으로 한 분산형 신뢰를 '사회신용제도'로 도입하기 시작했습니다. 그동안 '개인정보'로 불렸던 이름, 생년월일, 주소 등의 항목 외에 계약 수행 능력이나 성격, 대인관계, 취미 등도 지표에 포함시켜 종합적인 신용 점수로 환산하려 하고 있죠. 2020년까지 이를 기존 사회적 여신과 동일한 위치로 끌어올린다는 계획입니다.

하지만 마이너스 평가된 점수가 있으면 비자를 취득할 수 없거나 처벌 대상이 될 수도 있어 '지나치다'는 지적도 나오고 있습니다.

유럽이나 미국에서도 플랫폼을 운영하는 기업이 큰

영향력을 가지는 것을 '플랫폼 자본주의'라 부르며 '개인 중심의 경제 인프라로 기대하고 있었는데 기업이 모든 데이터를 컨트롤 한다면 지금의 자본주의와 같지 않은가?'라는 주장이 나오고 있습니다.

인간적인 '신뢰'를 회복하자

개인과 개인이 직접 연결되는 지금의 공유 경제에서는 테크놀로지를 통한 '분산된 신뢰'라는 새로운 신뢰 형태가 기반이 된다고 이야기했습니다.

하지만 기계적으로 측정하는 테크놀로지에 모든 것을 맡긴다면 수치로 나타낼 수 없는 인간미가 사라지거나 기업이 데이터를 컨트롤하는 일이 생길 수 있습니다. 안심이나 신뢰를 100% 담보하기에는 한계가 있는 것이죠.

테크놀로지로는 보완할 수 없는 부분이 있는 이상, 최종적으로는 자기 눈을 통해 사람을 신뢰하는 수밖에 없고, 동시에 다른 사람에게 보이는 신뢰를 키워나가는 수밖에 없습니다.

결국 우리 각자가 우리 안에 있는 '신뢰'의 의미를 다시 정의하고 '어떻게 하면 신뢰할 수 있을까?', '어떻게 하면 신뢰받을 수 있을까?'를 고민하면서 타인을 받아들이고 타인으로부터 받아들여질 수 있는 범위를 넓혀 가는 것.

테크놀로지에 의지하는 부분과 그것에 의지하지 않고 인간적인 양심을 지키며 자신을 계속해서 변용·확장시켜 나가겠다는 의지를 가지는 것. 그것이 중요합니다.

과거 독자적으로 쌓아온 신뢰 관계 속에서 간장을 빌리고 빌려주던 역사를 가진 우리니까요.

S H A R E L I F E

‘셰어 라이프’,
가까운 곳, 쉬운 것부터 시작하자

나와 타인의 경계는 어디인가?

그렇다면 지금보다 더 신뢰할 수 있고 신뢰받을 수 있는 내가 되려면 어떻게 해야 할까요?

우선 자기 안의 ‘신뢰’의 정의에 대해 한 번 재검토해볼 필요가 있습니다.

전국적으로 강연을 다니다 보면, 셰어 하우스에 살거나 다른 사람에게 차를 빌려주거나 방을 빌려주는 공유적인 소비와 라이프 스타일에 대해 “타인을 신뢰할 수 없기 때문에 나에게는 무리다.”라고 이야기하는 분들이 꼭 있습니다. 그것이 절대로 좋다거나 나쁘다는 이야기가 아닙니다. 하지만 **만약 공유를 통한 새로운 라이프 스타일을 갖고 싶다면 반드시 신뢰의 폭을 스스로 넓혀 나가야합니다. 그렇지 않으면 공유의 혜택을 누릴 수 없습니다.**

인간의 행복도에 관한 어느 조사에서는 '타인에 대한 신뢰' 항목에 대해 '조심하는 게 상책이다'라고 생각하는 사람보다는 '대부분의 사람은 믿을 수 있다'는 사람일수록 행복도가 높다는 결과가 나왔습니다.

우선은 '내가 다른 사람과 경계선을 긋고 있는 부분은 어디인가?', '나는 평소 어떤 식으로 신뢰하는가? 어떤 요소가 있으면 신뢰할 수 있는가?'라는 점을 다시 검토해 보는 것이 시작입니다.

경계를 넓히겠다는 의지가 필요

셰어 하우스 Cift에 살고 있는 2세 남자아이 리쓰키의 엄마 사오리 씨가 어느 날 이런 말을 했어요. "아이를 키우면서 안전하고 안심되는 환경을 쫓아다니려면 한도

끝도 없어요. 커뮤니티 안에서 아이를 키우려면 '애를 설마 죽이기야 하겠어?'라는 수준까지 마음을 내려놓고 타인을 믿어야 아이를 맡길 수 있어요. 커뮤니티의 한 사람 한 사람을 믿고, 각자가 아이에게 좋다고 생각하는 것을 해줬으면 하는 마음으로 맡기고 있어요."

실제로 육아 경험이 없는 저를 믿고 아이를 맡기니 저도 그에 부응하려는 마음이 더욱 강해지더군요.

'아이를 누군가에게 맡기면 위험할지도 모른다.', '무슨 일이 생기면 어떡해?'라고 생각하는 신뢰의 폭을 넓히고 타인을 믿는 마음의 울타리를 낮추는 것. 신뢰의 경계를 넓히려고 노력하는 것. 그것이 신뢰할 줄 아는 사람이 되는 지름길이 아닐까요?

나누면 '신뢰'가 돌아온다

시장 경제가 뿌리내린 사회에서는 '같은 가치를 대등하게 교환해야 한다'는 생각이 자리하고 있습니다.

내가 준 것, 빌려준 것, 사용한 시간까지 고려해서 '준

만큼 가치가 돌아올까?'라고 생각하는 경향이 있죠.

그런 마음을 가지고 있으면 '필요한 것을 필요한 만큼만 한다'는 가치관으로 움직이게 됩니다. 결과적으로 자기 인생의 가능성을 축소시키는 꼴이 되고 말죠.

저의 친구 마에다 루이 군은 기획에 공감하는 사람들로부터 자금을 모으는 'polca(폴카)'라는 공유 서비스를 통해 어떤 일을 기획하고 있는 청년들을 지원하고 있습니다.

마에다 군에게 그 일은 '필요한 일'이 아닙니다. 하지만 '결혼식을 올리지 못한 부모님의 결혼식을 올려드리고 싶다'는 기획부터 '고등학교 동아리 활동으로 전국대회에 출전하게 되었는데 뒷풀이 때 고깃집에 가고 싶다'는 기획까지 한 건당 작게는 300엔에서 많게는 수천 엔까지 연간 100건 정도 지원하고 있습니다.

지원금이 어떻게 사용되는지는 상대방의 선의에 맡길 뿐이라 반드시 성과나 보답이 있다고는 할 수 없는 게 특징입니다. 마에다 군은 "보답을 바라지 않고 순수하게 응원하는 마음으로 계속 지원하다 보니 어느새 사람들과의 관계가 넓어졌고 친구가 많이 생겼다"고 하더군요. 지원했던 사람으로부터 때로는 금액 이상의 답례를 받기도 하고, 여행하다 보면 지원했던 사람들이 '우리 지역에도 와 주세요'라며 초대를 하기도 합니다.

보답 같은 건 바라지도 않았는데 나중에 보니 많은 관계가 형성되어 있었고, 자신이 무언가를 하고 싶을 때 응원해 주고 도와주는 커뮤니티가 되어 있었다고 합니다.

비록 당장은 이익이 없더라도 타인에게 손 내밀고 누군가에게 뭔가를 해준 것은 결과적으로 그 이상의 감사가 되어 돌아옵니다. 예로부터 있었던 상부상조의 문화를 생각해 보면 사실 당연한 것인데, 이점에 관심을 가지는 사람이 별로 없는 것 같아요.

베풀면 신뢰가 돌아오고 그것이 관계 자본으로 연결됩니다.

생활을 오픈한다

평소 거주하는 도쿄 집 Cift의 제 방문은 늘 열려있습니다. 제 방에 있는 세탁기와 기타 생활용품도 셰어 하우스 멤버들에게 항상 개방되어 있죠. 다리미부터 인감의 인주까지 빌리고 싶은 물건이 있으면 LINE 그룹 채팅방에 글을 올립니다. '내 방에 있어'라는 대답이 달리면 주인이 없는 방에 들어가 빌려오죠.

'몇 개월 전까지만 해도 생판 남남으로 살던 사람에게 자기 방을 오픈하는 게 어떻게 가능한가?'라는 질문을 종종 받습니다. 스스로 늘 열린 마음으로 생활하려고 노력하기 때문인 것 같아요. 서로 의지하는 마음으로 자신을 무제한 오픈하고 드러내는 거죠.

그것이 어떻게 가능하냐고요? 그것은 자신의 것을 공유함으로써 그 이상의 이익이나 행복, 눈에 보이지 않는 '신뢰'와 '관계'라는 자본이 쌓여가는 것을 경험했기 때문이에요.

소소한 도움을 주고받는 과정을 쌓아간다

협동과 나눔, 같은 시간과 물건을 공유하는 과정을 이

어가다보면 신뢰 관계가 만들어집니다. 하지만 '돈을 주고 무엇을 해결하는 것'을 당연하게 여기는 현대인들은 남의 도움을 받고 싶을 때도 '실례가 되지 않을까?', '바쁜데 폐를 끼치는 게 아닐까?', '사례를 해야 하지 않을까?' 혹은 '뒷일이 번거로우니 관두자'는 생각에 쉽게 도움을 청하지 못합니다.
아이의 등하교에서부터 방충망 교체까지 모든 것을 돈으로 해결하지 않으면 안 된다고 믿고 있는 건 아닌가요?

4장에서 소개한 나가노 현의 가와카미 마을에서 만난 가와카미 씨도 "아이를 잠깐 봐달라고 누군가에게 부탁하고 싶었지만 상대에게 폐를 끼칠지도 모른다는 생각에 계속 주저하고 있었어요. 하지만 용기를 내서 부탁했더니 깜짝 놀랄 정도로 많은 사람이 '그래'라고 대답하더군요. 그 후로는 도움을 주고받는 상황들이 관계 속에서 수없이 반복되고 있어요."라는 이야기를 들려주었어요.

내 마음 속의 벽을 허물고 도움 받았다면 나도 도와주기를 반복하는 것. 그것이 확실한 신뢰를 만들고 관계

자본이 됩니다.

부탁하고 싶었지만 말하지 못했던 것, 폐를 끼치는 게 아닐까 생각해서 전부 자신이 짊어지고 있던 것을 이제 과감하게 소리 내 말해 보세요. 부탁해 보세요.

5장 Point

- 공유를 통해 관계를 만들기 위해서는 상대와의 '신뢰'가 중요하다.
- 개인 간의 '신뢰'를 바탕으로 하는 거래에서는 개성과 독창성이 가치를 지닌다.
- '신뢰'의 정의는 변화해왔다.
- 소소한 도움을 주고받는 과정을 반복해 신뢰받는 사람이 되자.

SHARE
LIFE

Epilogue

Towards the bright future of Sharing

에필로그

공유의 미래

앞장에서는 관계 자본의 관건이 되는 신뢰에 대해 고찰하고 '신뢰하고 신뢰받는' 사람이 되기 위한 마인드에 대해 살펴보았습니다. 마지막으로 향후 공유의 미래와 남겨진 과제, 공유가 보급된 사회에서 우리는 어떻게 대처해야 하는가에 대해 함께 생각해보겠습니다.

공유 경제의 두 방향
자본주의형과 지속가능형

지금까지 '공유'를 통한 새로운 가치관, 삶의 방식, 사회상을 소개하였습니다.

하지만 공유가 사회 전체적인 인프라가 되기 위해서는 아직 풀어야 할 과제가 있습니다.

이번 장에서는 '공유'와 관련된 일을 하면서 현장에서 보고 느낀 것을 바탕으로 지금 진행 중인 세계의 변화와 가까운 미래의 시나리오에 대해 말씀드리겠습니다.

공유를 통한 새로운 사회를 실현해 나가기 위해 우리 개개인이 어떻게 사회를 바라보고 무엇을 의식하며 행동해야 할 것인가? 그것을 생각하는 계기가 되었으면 좋겠습니다.

공유는 현재 전 세계로 확산되고 있습니다. 저는 지금까지 세계 각국의 공유 시스템을 봐왔고 많은 해외의 공유 관련자들과 대화를 나누었습니다. 그러면서 강하게 느낀 것이 있어요.

공유 경제가 '기업 주체의 경제 사회'와 '개인 주체(시민)의 경제 사회'를 발전시키는 2개의 측면을 가지고 있다는 점입니다. 이 두 가지 시나리오를 저는 '중국 · 미국형 자본주의 주도의 공유 경제'와 '유럽 · 한국형 지속가능주의 주도의 공유 경제'라고 부르고 있습니다.

먼저 '중국 · 미국형 자본주의 주도의 공유 경제'에 대해 말씀드리겠습니다.

Airbnb와 Uber를 비롯한 시가 총액 수십조 엔 이상의 스타트업 기업들이 미국에 등장하면서 전 세계 어느 곳을 여행하더라도 이 서비스를 이용할 수 있게 되었습니다.

중국에서도 공유 경제 시장은 2018년 현재 83조 엔에 달하고 있습니다. 곧 공유 경제가 GDP의 10%를 차지할 것이라는 발표도 있습니다.

뉴욕 대학 교수이자 《공유 경제(Sharing Economy)》

(교보문고, 2018)의 저자인 아룬 순다라라잔 씨로부터 중국은 정부가 기업에 개입하는 방법으로 해외 진출을 포함한 정책적인 지원을 한다는 이야기를 들었습니다. 테크놀로지의 기술과 민관이 하나된 자본의 힘으로 글로벌 규모의 메가 기업을 만들려는 움직임이 세계적으로 일어나고 있는 것이죠.

일본에서도 C to C 온라인 플리마켓으로 시작된 '메르카리'가 2018년 상장되었습니다. 압도적인 사용자 수를 앞세워 바이크 공유와 기술 공유 등의 다양한 공유 서비스를 시작하고 있죠. 공유 비즈니스 모델에 '매칭에 따라 과금되는' 성질이 있는 이상 사용자 수나 거래 수가 압도적인 플랫폼으로 사람이 모여드는 경향은 필연적입니다.

한편 유럽과 한국을 시찰하고 현지의 공유 관련자들과 대화를 나누면서 또 다른 측면에서도 강력한 가능성을 발견했습니다. '유럽·한국형 지속가능주의 주도의 공유 경제'죠.

제4장에서 소개한 공유 도시 암스테르담이 있는 네덜란드나 프랑스, 그리고 이웃나라인 한국에서는 또 다른

공유 경제가 발전하고 있습니다.

우선, 경제 침체와 환경 문제 등의 사회적 의제에 착안하여 시민적 접근을 통한 '지속가능한 사회'를 추구하는 공유 시스템이 생기고 있습니다.

비즈니스 모델도 통상적인 매칭 과금 모델이 아니라 NPO가 운영하거나 운영비용을 스폰서나 보조금으로 조달하여 사용자는 무료로 사용할 수 있는 공유 서비스가 많습니다.

일본에서는 공유 경제가 아직 '테크놀로지의 새로운 성장 산업'으로만 주목받고 있는데 반해 한국에서는 또 다른 측면의 공유 경제가 이루어지고 있다는 인상을 받았습니다.

경제 성장을 전제로 하는 논의가 아닌 한정된 자원과 경제 성장의 한계라는 맥락 속에서 '지속가능한 사회를 만들기 위해 무엇이 필요한가'라는 의견이 큰 세력을 이루고 있었습니다.

또한 실업률이 높은 한국에서는 새로운 취업 기회로서도 공유 경제의 역할이 기대되고 있어, 근로자의 환경 정비를 포함한 진지한 논의가 이루어지고 있습니다.

한국에서 전통 한옥을 비롯한 숙박공유 플랫폼 '코자자(KOZAZA)'를 창업한 조산구 씨는 "지난 5년간 거대 글로벌 자본 기업에 의해 한국의 로컬 민박 서비스가 몇 개나 잡아먹혔어요."라며 한탄하더군요. 현재는 블록체인을 이용한 새로운 시스템을 통해 비영리 · 조합형 민박 플랫폼을 구축하고 있다고 합니다.

2018년 11월 한국에서 열린 컨퍼런스 'SHARING FORUM'에 참석했을 때 성남시 시장이 "자본주의는 한계에 와 있다."라고 했던 말이 인상적이었습니다.

지난해 방문한 브라질에서도 'COLABORAMERICA'라는 share summit이 있었는데, '자본주의 사회에서 탈피해 시민·행정·사회 창업가들이 함께 서로 돕고 아이디어를 창출해 사회 문제를 해결할 수단을 만들자. 그렇게 지속가능한 사회를 만들어가자'는 운동이 젊은 세대를 중심으로 일어나고 있었습니다.

'중국 · 미국형 자본주의 주도의 공유 경제'와 '유럽·한국형 지속가능주의 주도의 공유 경제'. 이 두 가지 측면은 '어느 쪽이 좋은가'의 문제가 아닙니다. 두 측면 모두 필요합니다.

하지만 일본에서는 '어떻게 돈을 벌 것인가?'라는 관점의 논의가 많습니다.

우리는 시민사회적인 접근을 통해 공유 시스템과 공조 시스템을 추진하고 있는 나라가 있다는 것, 그런 움직임이 세계적으로 확산되고 있다는 사실을 좀 더 알 필요가 있습니다.

일본은 사실 그 양면을 다 가진 나라라고 생각합니다.

전자의 측면에서 일본은 여전히 경제대국이므로 자본력과 기술력을 활용한 혁신과 스타트업 기업을 만들어 낼 수 있는 토양이 있습니다.

이미 주식시장에 상장된 메르카리처럼 세계로 진출할 수 있는 일본발 공유 서비스가 많이 등장한다면 기존 산업의 쇠퇴 속에서도 기대할 만한 새로운 산업이 될 것입니다.

후자의 측면에서 현재 일본은 '지속가능한 사회 시스템'으로 전환하지 않을 수 없는 터닝 포인트에 직면해있다고 생각합니다.

4장에서 소개한 바와 같이 인구 감소로 인한 지방의 과소화, 계속 증가하는 젊은층의 사회적 부담, 공적 원조나 자조가 이루어지지 않는 상황 등을 고려할 때 지금이야말로 '개인과 개인이 서로 도우며 살아가는' 공조 시스템이 필요한 게 아닐까요?

일본 정부도 적극적으로 공유 시스템을 도입하려는 움직임이 본격화되고 있습니다.

일본은 풀어야 할 숙제가 많은 나라로서, 새로운 해결책을 필요로 하고 있습니다. 앞서 설명한 바와 같이 일본에는 '자연과 공생하면서 자기 존재를 발견하고, 타인과의 관계성을 소중히 여기는' 동양 사상을 바탕으로 한 상부상조의 역사가 있습니다. 이러한 점에서 일본은 독자적인 공유 사회 모델을 구축할 수 있을 것이라 믿고 있습니다.

함께 만들어가야 할 공유 규범과 사회 제도

또 하나 공유 사회를 추진함에 있어서 풀어야 할 숙제가 규범과 제도의 벽입니다.

일본에서 전개되는 공유 경제 중에는 분야에 따라 관련된 법률이나 제도가 없거나 반대로 규제의 대상이 되는 경우가 있습니다.

이를테면 차량 공유 모델은 일본의 현행법상 운영할 수 없습니다. 4장에서 소개한 notteco와 같은 코스트셰어형(주유비나 고속도로 요금의 비용 공유) 모델만 가능하지요. 그밖에 식사 공유 분야에서도 자택에서 식사를 제공하고 보수를 받는 모델은 관련 법률이 미비한 것이 현실입니다.

지금까지 일본에서는 개인과 개인이 직접 인터넷상에서 거래하는 비즈니스나 개인이 기업처럼 서비스의 제공자가 되는 모델이 없었기 때문에 현재 관련 법률이 없습니다.

하지만 최근에는 이러한 상황에 대한 대책도 마련되고 있습니다.

민박 분야에서는 '주택숙박사업법(민박신법)'이라는 새로운 법률이 제정되어 개인이 합법적으로 숙박 장소를 제공하고 수익을 얻을 수 있게 되었습니다. 다른 분야에서도 법률의 재검토와 개정 움직임이 조금씩 진행되고 있습니다.

지금까지는 많은 법률과 제도를 국가와 기업, 조직이 함께 만들어 왔습니다. 하지만 앞으로 다가올 '개인의 시대', 즉 기업이 주체가 아니라 개인과 개인이 직접 거래하는 모델에서는 우리 개개인이 룰을 만드는 데 참여해야한다고 생각합니다.

이미 공유 경제 노동자로서 새로운 근로 방식으로 일하는 사람이든, 지금부터 새로운 근로 방식으로 일하고 싶은 사람이든 모두가 '어떤 룰이나 제도가 있으면 좋을까?'에 대해 당사자로서 목소리를 내야합니다. 일본 전체에 공유 일자리가 생긴다면 지금까지 기업에 의존하던 사회 보장도 이용할 수 없게 될지 모릅니다. 그런 만큼 우리 개개인이 안심하고 일할 수 있는 환경을 어떻게 만들어 갈 것인지 고민해야 합니다.

점점 더 개인이 주역인 사회가 되어갈 것이므로 '공유 경제 이용과 관련된 자유와 책임에 대한 자각'을 더욱 높여가야 합니다.

2018년 9월에는 공유 경제협회에서 공유 경제 노동자를 위한 기술 향상 기회와 보험 및 복리후생 등을 커버하는 커뮤니티 'SHARING NEIGHBORS'를 만들었습니다.

누구나 안심하고 참여할 수 있도록 '플랫폼의 적정 수수료는 얼마인가?', '개인 정보는 어디까지 제공해야 하는가?', '교육이나 기술 향상의 기회는 어떻게 제공할 것인가?', '보험이나 사회 보장은 어떤 것이 이상적인가?' 등을 다 같이 의논하는 커뮤니티입니다.

공유 경제 노동자 개인의 시선으로 살펴본 기업과 국가의 규칙에 대한 요구사항과 문제점을 적극 수렴하고 개인과 기업과 국가가 함께 규칙을 고민하는 환경을 만드는 것이 목표입니다.

여기서 중요한 것은 '규칙은 누구나 만들 수 있고 바꿀 수 있다'는 점입니다.

현행 법세도의 대부분은 인터넷이나 스마트폰이 보급되기 훨씬 전에 만들어진 것입니다. 지금처럼 너무나 당연하게 인터넷과 생활이 연결되어 있는 환경을 미처 예상하지 못했을 때죠.

공유 경제도 마찬가지입니다. **관련 법률이 미비한 것은 지금 시대를 쫓아가지 못해서입니다. 어느 시대든 새로운 규칙이 만들어지고 바뀌었듯이 공유 경제에 관한 새로운 규칙도 누구나 만들 수 있습니다.**

저는 공유 경제협회의 공공정책 책임자로서 공유의 규칙을 만들기 위해 매일 애쓰고 있습니다. 규칙이나 제도를 만드는 목적은 '모두가 안심하며 사용할 수 있고 문제가 발생하지 않도록 하는 것'입니다. 금지나 제한을 하는 것이 목적이 아닙니다.

그러므로 개개인이 '그런 시스템은 어떻게 만들면 좋을까?', '어떻게 하면 안심과 안전이 보장된 환경에서 사용할 수 있을까?'를 고민하고 규칙을 만드는 데 참여해야합니다.

이처럼 규칙에 대해서도 개개인이 조금만 의식을 가지고 행동한다면 안전한 환경을 만들 수 있습니다. 누구 하나 낙오되지 않고 안심할 수 있는 시스템을 다함께 만들어 갈 수 있습니다.

S H A R E L I F E

나오며

셰어 라이프를 통해 함께 행복한 미래를

이제 사회는 '조직 중심'에서 '개인 중심'으로 변하고 있고 개개인이 자신의 자유로운 의사에 따라 행동을 선택할 수 있습니다. 개인과 개인의 '신뢰'와 '관계'를 축으로 하는 사회로 변해가는 것이죠. 그로 인해 물건의 교환에서부터 새로운 일이나 주거지, 감사와 감정의 교환까지 모든 것의 공유가 지금보다 더 원활해질 것입니다. 오늘날 사회의 대부분을 차지하고 있는 '돈만이 가치의 교환이 되는 경제'나 '회사와 조직에 인생을 맡기는 사회', '혈연관계 속에서만 육아나 간병을 감당해야 하는 가족의 형태' 등도 달라질 것입니다.

그 결과, 아직은 이 세상에 없는 더 많은 선택지를 포함한 '나눔'의 시대가 만들어져 갈 테죠. 그러한 미래를 남보다 빨리 마중하는 것. 그것이 독자 여러분과 제가 함께 할 수 있는 행복을 위한 액션이라고 믿습니다.

사람과 사람의 '관계'가 우리를 안심하게 만드는 안식처입니다. 나눔을 통해 얻는 타인과의 공감과 감동, 사랑하는 마음이야말로 행복의 근원임을 강조하고 싶어요. 그리고 만약 어려운 사람을 본다면 손을 내밀어 주세요. 우리 서로 도우며 살아요.

마지막으로, 만일 지금 이 순간, 혼자서 외롭고 불안하거나 고독을 느끼는 분이 있다면 만일 사회적 틀이나 상식에 얽매여 일이나 육아 등 힘든 일을 겪고 있는 분이 있다면, 만일 소중하게 여기던 것이 이제는 힘겹게 여겨지는 분이 있다면 이 책에서 소개한 '공유 = 나눔'이라는 사상을 만나 셰어 라이프를 실천하면 좋겠습니다. 셰어 라이프를 통해 관계가 있는 삶을 영위하고, 앞날이 불확실한 상황 속에서도 안심하며 풍요롭게 살기 위한 첫걸음을 뗐으면 좋겠습니다. 그러기 위해 이 책이 한 명이라도 더 많은 분들에게 가 닿기를 간절히 바랍니다.

셰어 라이프

펴낸날 2021년 8월 5일
지은이 이시야마 안주
옮긴이 박승희

펴낸이 정원정, 김자영
편집 홍현숙
디자인 형태와 내용사이

펴낸 곳 즐거운상상
주소 서울시 중구 충무로 13 엘크루메트로시티 1811호
전화 02-706-9452
팩스 02-706-9458
전자우편 happydreampub@naver.com
인스타그램 @happywitches
출판등록 2001년 5월 7일
인쇄 천일문화사

ISBN 979-11-5536-165-8